AF500033

LEÇONS

SUR

LE STRABISME ET LA DIPLOPIE

OUVRAGES DU MÊME AUTEUR

CHEZ LES MÊMES LIBRAIRES.

Physiologie et pathologie fonctionnelle de la vision binoculaire, suivies d'un Aperçu sur l'appropriation de tous les instruments d'optique à la vision avec les deux yeux, l'ophthalmoscopie et la stéréoscopie. Paris, 1861. In-8, avec figures. 9 fr.

De l'influence, sur la fonction visuelle binoculaire, des verres de lunettes convexes ou concaves. 1860.

Théorie de l'ophthalmoscope, avec les déductions pratiques qui en découlent, indispensable à l'intelligence du mécanisme de l'instrument. Paris, 1859. In-8, figures. 1 fr. 50

Deux Mémoires sur la cause et le mécanisme des images multiples, ou de la Polyopie monoculaire, présentés l'un à l'Académie des sciences (*Comptes-rendus*, mars 1862), l'autre, à l'Académie impériale de médecine, 6 janvier 1863 (*Bulletin de l'Académie impériale de médecine*).

Note sur la grandeur apparente des objets vus au moyen des instruments d'optique, et les conditions qui doivent présider à l'appréciation de leur pouvoir amplifiant. (*Mémoires des concours des savants étrangers publiés par l'Académie royale de médecine de Belgique*, 6 juillet 1862). Bruxelles. In-4.

Principes de mécanique animale, ou Étude de la locomotion chez l'homme et les animaux vertébrés. Paris, 1858. 1 vol. in-8 de 484 pages, avec 65 figures intercalées dans le texte. 7 fr. 50

Ouvrage couronné par l'Académie des sciences.

Note relative à une théorie nouvelle de la cause des battements du cœur, lue à l'Académie des sciences, le 15 août 1855 (*Gazette médicale de Paris*), 25 du même mois.

Lettre au rédacteur de la *Gazette médicale de Paris* sur le même sujet, 6 septembre 1856.

Considérations géométriques propres à préciser les rapports de situation du fémur avec le bassin, dans les états morbides de l'articulation coxo-fémorale (*Gazette médicale de Paris*), 1854, et chez l'auteur.

Application de la même méthode à l'étude des rapports de l'humérus avec le scapulum, dans les maladies de l'articulation scapulo-humérale (*Gazette médicale de Paris*), 1856, et chez l'auteur.

Recherches sur l'hypnotisme, ou Sommeil nerveux (en collaboration avec le docteur Demarquay). 1860.

CORBEIL, typ. et stér. de CRÉTÉ.

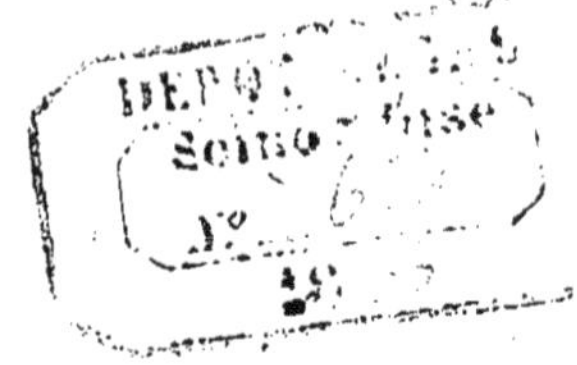

LEÇONS

SUR

LE STRABISME ET LA DIPLOPIE

PATHOGÉNIE ET THÉRAPEUTIQUE

PAR

F. GIRAUD-TEULON

DOCTEUR EN MÉDECINE DE LA FACULTÉ DE PARIS,
ANCIEN ÉLÈVE DE L'ÉCOLE POLYTECHNIQUE,
LAURÉAT DE L'INSTITUT (ACADÉMIE DES SCIENCES),
MEMBRE DE LA SOCIÉTÉ DE MÉDECINE DE LA SEINE,
MEMBRE CORRESPONDANT DE L'ACADÉMIE IMPÉRIALE DES SCIENCES DE TOULOUSE,
DE L'ACADÉMIE DU GARD, ETC.

AVEC FIGURES INTERCALÉES DANS LE TEXTE.

PARIS

J. B. BAILLIÈRE ET FILS,

LIBRAIRES DE L'ACADÉMIE IMPÉRIALE DE MÉDECINE,

Rue Hautefeuille, 19.

LONDRES — HIPP. BAILLIÈRE, 219, REGENT-STREET.

NEW-YORK — BAILLIÈRE BROTHERS, 440, BROADWAY.

MADRID, C. BAILLY-BAILLIÈRE, PLAZA DEL PRINCIPE ALFONSO, 11

1863

PRÉFACE

En publiant les leçons qui ont fait, cet hiver, l'objet de notre cours particulier d'ophthalmologie, nous devons quelques explications au lecteur.

Ce travail n'est pas une œuvre originale, quoiqu'il ait peut-être quelque droit à être accueilli comme une nouveauté par le corps médical français. L'étude du strabisme, but principal de ces leçons, peut, en effet, être considérée non-seulement comme endormie, mais comme morte dans notre pays. Objet, il y a vingt ans, des luttes les plus vives et les plus passionnées, le silence s'est tout à coup fait autour de cette importante et difficile question. En lisant les pages qui vont suivre, on en comprendra vite la raison : à cette époque, en effet, les éléments scientifiques qui eussent permis de la poser n'étaient pas encore nés pour la physiologie.

La réparation du désordre fonctionnel, dont le strabisme est l'expression, suppose la connaissance, sinon complète, au moins très-avancée, des lois physiologiques qui gouvernent l'exercice de la vision binoculaire ; et ces lois elles-mêmes se fondent sur l'union des principes de la physique géométrique, de la connaissance des organes, et du rôle qu'ils peuvent remplir. Nous devons avouer avec humilité que depuis ces vingt années la science française n'a point su combler ces lacunes, et qu'il lui faut aujourd'hui recevoir avec une modeste reconnaissance des progrès tout faits auxquels elle n'a eu aucune part.

C'est de l'Allemagne que nous viennent aujourd'hui ces progrès! Alliant, dans une heureuse mesure, des connaissances qui sont, en France, l'objet d'une séparation systématique, l'école physiologique allemande a cherché les lois de la vision, à la fois, dans la physique, dans l'anatomie normale et pathologique, dans la physiologie expérimentale et morbide. La signification plus exacte des symptômes *strabisme* et *diplopie* est ressortie comme un corollaire naturel de ces intéressants travaux.

Ce sont ces résultats précieux que nous avons entrepris de vulgariser.

Le beau travail de M. de Graëfe, publié d'abord dans les *Archiv für Ophthalmologie*, et dont une traduction française, due à la plume du docteur Van Bervliet, a paru dans les *Annales d'oculistique* (1), n'a pas eu en France tout le retentissement qu'il méritait. La cause en est assurément dans l'absence de préparation de notre part à recevoir des communications de cet ordre, et peut-être aussi, ajouterons-nous, dans les dissemblances qu'offre le génie des langues allemande et française. Et pourtant, si l'on nous demandait ce qui manque à ce travail véritablement supérieur pour être d'un accès facile à un esprit français, peut-être serions-nous embarrassé pour le dire. Ce qui est positif, c'est qu'après l'avoir lu et relu, et bien des fois, si nous lui portons une admiration sans ré-

(1) *Ann. d'oculistique*, publiées par le docteur Warlomont. Bruxelles, 1861 et 1862, passim.

serve, nous ne pouvons nous dissimuler cependant qu'il faille à l'esprit le mieux préparé une inaltérable persévérance pour se l'assimiler. Et, nous le répétons, il n'y a, dans ce long résumé de la haute expérience de M. de Graëfe, ni un mot de trop, ni un mot à désirer.

C'est donc uniquement pour mettre ces belles recherches de l'école allemande plus en rapport avec les habitudes et la méthode de l'esprit français que nous avons essayé de les interpréter à nouveau.

Nous en avons rapproché les découvertes plus récentes de l'école d'Utrecht, en donnant place à côté d'elles à la belle exposition faite par M. Donders, au Congrès d'ophthalmologie de 1862, de la relation qui lie le strabisme convergent à l'hypermétropie.

A ce sujet, nous demandons la permission de signaler ici un point de doctrine que nous croyons avoir à juste titre introduit dans cette étude et qui servira, nous le pensons, de lien commun à ces remarquables aperçus. De même que M. de Graëfe a fait dériver le strabisme divergent périodique, qui se rencontre si souvent dans la myopie, de l'insuffisance des muscles droits internes, de même il nous a paru que c'était à l'insuffisance des muscles droits externes, circonstance très-naturellement liée à l'hypermétropie, et non à l'hypermétropie elle-même, qu'il fallait rattacher la production du strabisme convergent périodique, si heureusement découverte par l'illustre professeur d'Utrecht. Nous soumettons à nos éminents confrères cette addition, ce trait d'union aux principes posés par eux, ainsi que le mécanisme expérimental par lequel, dans ces circonstances, le strabisme périodique se voit changé en strabisme permanent.

Nos leçons sur le strabisme et la diplopie se divisent en trois parties. Dans la *première*, nous exposons les bases nouvellement établies du jeu physiologique des muscles de l'œil. On sait quelle obscurité règne encore en France sur le mécanisme des mouvements oculaires. Une ingénieuse expérience, due à M. Donders, a permis à ce savant de préciser expérimentalement le rôle de chacun des six muscles de l'œil dans chaque direction du regard. Nous avons emprunté, en même temps que notre troisième partie, les éléments de cette exposition à une traduction, due à notre savant confrère et ami M. Testelin, du travail anglais de J. Sœlberg Wells *sur les affections paralytiques des muscles de l'œil* (1).

Notre *seconde partie* est consacrée au strabisme proprement dit : sa pathogénie, sa signification symptomatologique, la thérapeutique qu'il réclame, ont été les principaux objets de notre préoccupation. En ce qui concerne la thérapeutique, après avoir exposé fidèlement les méthodes chirurgicales si scrupuleusement graduées par M. de Graëfe, et marqué les résultats qu'on doit attendre ou espérer dans chaque cas, nous avons esquissé le plan d'un traitement par les prismes déviateurs et les ressources accessoires qu'on pouvait fonder sur leur emploi.

La lecture de ces leçons justifiera, nous osons le croire, les efforts que nous mettons à rappeler sur ce sérieux objet l'attention du corps médical. Discréditée depuis quinze ans, à bon droit et faute d'études suffisantes, la réparation chirurgicale du strabisme doit être aujourd'hui remise à l'étude et réinstallée dans la pratique ; mais, et ceci est essentiel, après discussion physiologique et optique de chaque cas et sur les bases scientifiques de l'ophthalmologie nouvelle.

La discordance du regard se rattache par de nombreux

(1) *Ann. d'oculistique*, 1862, tome XLVIII.

rapports à une classe de maladies se formulant aussi symptomatiquement par un strabisme plus ou moins accusé et de degrés variables, joint, dans la généralité des cas, à un symptôme plus éclatant : la diplopie. Ce sont les paralysies musculaires.

L'étude de ces paralysies et de leur symptôme principal, la diplopie, fait l'objet de notre *troisième partie*. Cette étude est le développement, au point de vue pathologique, de la première partie, et elle est empruntée comme elle au travail de Wells. Nous avons donné une place particulière, dans cette exposition, à la signification des doubles images et aux procédés de traitement palliatif à demander aux prismes déviateurs. Mais ce que le lecteur remarquera avec plus d'attention encore, c'est l'application thérapeutique faite par M. de Graëfe aux paralysies confirmées et stationnaires, ainsi qu'aux paralysies à marche régressive, de la ténotomie musculaire. L'illustre professeur de Berlin, dans ces deux cas, attaque la diplopie et le strabisme mobile qui l'accompagne, soit par la section de l'antagoniste du muscle paralysé, soit par le déplacement en avant de l'extrémité tendineuse du muscle paralysé et allongé, soit enfin par une combinaison des deux procédés.

C'est toute une innovation opératoire qu'il suffit de signaler pour appeler sur elle l'attention et l'intérêt des chirurgiens français (1).

GIRAUD-TEULON.

Mai 1863.

(1) Nous devons noter ici que la ténotomie du muscle antagoniste dans les paralysies est depuis longtemps pratiquée en France par un de nos ophthalmologistes les plus en renom, le docteur Guépin de Nantes. Nous devons à notre pays cette mention, la question de priorité réservée. Nous n'avons point d'éléments précis pour la trancher. (Voir le *Traité des maladies de l'œil* de Mackensie, trad. de Warlomont et Testelin).

ERRATUM.

Page 58, 3me alinéa, ligne 2, *au lieu de :* légère diminution des muscles, *lisez :* légère diminution de l'énergie des muscles.

LEÇONS

SUR LE

STRABISME ET LA DIPLOPIE

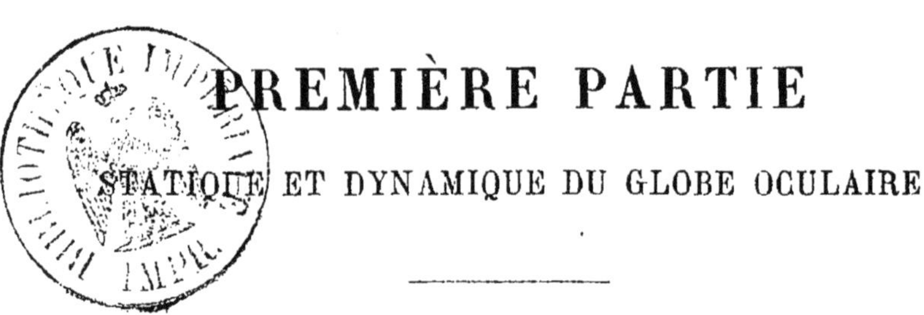

PREMIÈRE PARTIE

STATIQUE ET DYNAMIQUE DU GLOBE OCULAIRE

PREMIÈRE LEÇON

ÉTUDE PHYSIOLOGIQUE DES MOUVEMENTS DE L'ŒIL.

§ 1. — Le système musculaire, moteur du globe oculaire, est l'intermédiaire obligé et unique par lequel le centre des images rétiniennes est mis en rapport avec le sensorium ou le centre de figure de l'individu.

MESSIEURS,

Le sujet dont nous allons entreprendre l'étude, dans les leçons qui vont suivre, exige que je remette préalablement sous vos yeux le résumé des lois qui président à l'exercice de la vision associée ou binoculaire.

Les principales de ces lois peuvent se résumer dans les formules suivantes :

1° Il existe, dans le sensorium, une propriété première, innée, en vertu de laquelle sont fusionnées en une seule les deux images, *à peu près* semblables, qui se peignent au fond de chaque œil, pourvu toutefois que la convergence des deux yeux soit dans un certain rapport avec le degré de l'accommodation de chacun d'eux;

2° La position dans l'espace du point de mire ou de l'attention est rapportée, par une seconde propriété sensorielle, à l'entre-croisement même des deux axes optiques ou polaires;

3° Un même rapport s'établit entre l'individu et chaque point de la perspective, par la notion du lieu de l'entre-croisement des axes secondaires qui répondent à ce point quelconque du tableau.

La notion du relief est, on le sait, implicitement comprise dans la formule qui précède.

La régularité de la fonction associée ou complète, se fondera donc, en supposant chaque organe séparément à l'état normal, sur une parfaite synergie des axes polaires dans leur inclinaison respective, et sur un certain rapport de cette synergie avec le degré de la tension accommodatrice.

Mais la concordance ou congruence régulière des axes polaires est sous la dépendance première et exclusive des puissances motrices appliquées à l'organe.

Elles seules, ces puissances motrices, sont intermédiaires entre l'œil et le cerveau ou sensorium. Si l'œil était enchâssé et immobile dans le crâne, chaque sollicitation lumineuse pourrait être appréciée, dans sa direction virtuelle ou réelle, par la notion du rapport constant de position du point rétinien sollicité avec le centre de figure de l'individu; mais l'œil n'est pas immobile, il dirige de lui-même ses axes visuels vers les différents points de la demi-sphère ouverte devant lui. Le rapport de position d'un point quelconque de la rétine, sollicité par un faisceau lumineux, avec l'axe de figure de l'individu, change à chaque instant; il faut donc qu'en chaque instant aussi, le sensorium puisse apprécier et connaître cette modification de position. Or, par quel organe ces modifications peuvent-elles lui être révélées, si ce n'est par celui même qui obéit à ses ordres et effectue lesdits changements de situation relative et absolue des axes? Nous savons d'ailleurs que l'innervation du système musculaire possède cette propriété d'avertir le sensorium des mouvements qu'il détermine, de leur étendue, de leur arrêt; c'est cette propriété qui a reçu les noms de sens d'activité musculaire, de sens, de conscience musculaires. Par elle les positions diverses du levier sphérique représenté par le globe de l'œil, sont constamment accusées au sensorium, par elle, par conséquent, sont attribuées à leur véritable direction *par rapport à l'individu*, les sollicitations lumineuses perçues et jugées de façon absolue par la rétine.

Le système musculaire est donc, en somme, l'intermédiaire obligé de l'appréciation de la direction réelle des objets ou des divers points de l'espace par le sens de la vue. L'étude de la fonction se lie donc essentiellement à celle de l'équilibre du globe oculaire entre ces forces motrices, que nous devrons considérer en même temps comme révélatrices de la direction des images dans leurs rapports de situation avec l'observateur.

A ce double point de vue, la physiologie et la pathologie fonctionnelle de la vision binoculaire réclament donc impérieusement que nous soyons fixés sur les conditions de l'équilibre de l'œil, en repos et en mouvement, ou de sa statique et de sa dynamique.

§ 2. — Équilibre du globe, au point de vue de la conservation de sa forme, et de la constance de position de son centre de mouvement.

Le premier objet que nous puissions nous proposer dans cette étude, c'est évidemment l'exposition des conditions d'équilibre des forces appliquées au globe de l'œil, pendant le repos ou l'immobilité de l'organe. Nous passerons de là à l'analyse de ces conditions lorsque le globe est mis en mouvement. Permettez-moi donc, messieurs, de vous rappeler ici sommairement les conditions de la statique et de la dynamique du globe oculaire, telles que j'ai été conduit à les établir dans un travail antérieur (1).

Dans cette analyse, j'ai dû m'appuyer d'abord sur cette

(1) *Physiologie et pathologie fonctionnelle de la vision binoculaire*. Paris, 1861, chap. IV.

considération que le *centre de mouvement* du globe doit être *constant, quant à sa position, pendant les mouvements de l'organe.*

Ce centre, en effet, doit être commun à la sphère extérieure et à la demi-sphère inverse que représente le tableau rétinien, si l'on veut qu'à chaque mouvement angulaire du globe corresponde un déplacement proportionnel et inverse des points de l'espace sur lesquels se fixe le regard. Le passage de l'attention d'un point à un autre supposerait une succession saccadée, et discontinue des tableaux rétiniens, si pour chaque déplacement de l'organe, si petit qu'il fût, le centre de ces tableaux venait à être déplacé. Une seconde considération doit encore nous être présente : l'inaltérabilité de la forme sphérique du tableau rétinien, c'est-à-dire de la forme même du globe, tant pendant le repos que pendant les mouvements de l'organe.

Partant de ces principes, et avant même d'avoir jeté un coup d'œil sur la distribution des forces appliquées extérieurement au globe oculaire, nous avons dû prévoir que ces forces seraient groupées autour du globe, de manière à assurer la réalisation de ces conditions nécessaires : la constance du centre de mouvement, l'invariabilité de la forme de l'organe.

Et, en effet, jetant maintenant les yeux sur les dispositions mêmes adoptées par la nature, nous reconnaissons dans l'organe un sphéroïde de consistance semi-liquide, à enveloppe inextensible, suspendu dans l'orbite, entre trois systèmes de forces, distribuées de façon à se faire équilibre autour de lui, et ne pouvant lui imprimer d'autre mouvement que des mouvements de rotation autour d'un point fixe central. On peut s'en assurer par l'observation attentive des mouvements de l'œil, d'un angle à l'autre de l'orbite, entre les paupières entr'ouvertes. Le mouvement régulier qui s'observe alors témoigne d'un contact constant de la circonférence scléroticale qui passe par le bord libre des paupières, avec ce bord linéaire lui-même. Le mouvement de rotation dont on est témoin a si constamment pour centre le centre même de la surface scléroticale, qu'en aucun instant du mouvement le bord palpébral ne subit la plus légère inflexion. On s'en assure par l'observation attentive des cils implantés sur le bord libre; aucun d'eux ne bouge, aucun ne voit son inclinaison, sur la direction de son voisin, changer, fût-ce d'un degré. Le mouvement se passe donc bien au centre de la sphère scléroticale. Il en est encore de même dans le mouvement en haut et en bas (1).

Et si l'on observe maintenant les puissances musculaires, on reconnaît à l'instant que leur distribution répond, en effet, aux conditions que nous venons d'exprimer.

Et d'abord, le globe est maintenu dans une position constante : nous le voyons, en effet, suspendu au centre de l'orbite, entre deux systèmes de forces opposées. Un premier groupe (les quatre muscles droits) tendrait en effet, par une action commune, à entraîner en arrière, suivant l'axe de l'orbite, le globe sur lequel ils agissent tangentiellement, pendant qu'un groupe opposé (les obliques) aurait pour effet, s'il était seul, de l'entraîner, au contraire, en avant et en dedans. Ajoutons à cela l'action de la pesanteur et la résistance opposée par l'orbite, et nous avons le tableau de toutes les forces appliquées extérieurement au globe oculaire, et dont la résultante finale a pour effet le maintien, en un point déterminé, et qui sera constant pendant tous les mouvements, du centre de figure de la sphère rétinienne ou du globe lui-même.

En second lieu, avons-nous dit, la sphère oculaire conserve invariablement sa forme, pendant le repos, comme pendant le mouvement.

Cette condition n'est-elle pas remplie? Voyez la disposition des muscles : ces agents sont disposés autour du globe, de fa-

(1) Ces présomptions théoriques s'accordent pleinement avec les expériences directes de MM. Donders et Doyer : d'après ces physiologistes, le centre des mouvements du globe est situé, sur l'axe antéro-postérieur, en un point qui divise cet axe en deux parties qui sont entre elles comme 15 et 11; soit : 15/26 antérieurs ; $\frac{11}{26}$ postérieurs.

L'œil, entre les pôles extérieurs de son axe antéro-postérieur, mesure en moyenne 24 millimètres; déduisons $2^{mm},5$ pour la profondeur de la chambre antérieure; il reste $21^{mm},5$ à diviser en 11/26 en arrière et 13/26 en avant; ce qui porte le centre du mouvement bien près du centre même de la sphère oculaire; si même cette différence de 1/13 n'est pas à mettre du côté des erreurs possibles.

çon à développer autour de lui des actions tangentielles. En vertu du principe de l'association des mouvements, un muscle ne se raccourcit pas d'un côté, que l'antagoniste ou les antagonistes ne s'allongent proportionnellement de l'autre. L'immobilité du centre de rotation du globe témoigne de la réalité de cet accord sympathique; supposez un instant que l'un des muscles droits, par exemple, se raccourcisse sans que ses antagonistes se relâchent, il y aurait aussitôt retrait du globe en arrière.

Il y a donc un balancement constant, un équilibre perpétuel entre les tractions musculaires, que le globe soit en repos ou qu'il soit en mouvement.

Mais cette constance a une conséquence : elle assure celle de la forme de l'enveloppe. Si les tractions sont constantes, les pressions éprouvées par la coque oculaire, de dehors en dedans, le sont donc également, et par là est assurée l'intégrité des pressions intérieures, et celle de la forme extérieure. Les fonctions si délicates de l'organe exigeaient qu'il en fût ainsi, que les membranes et les milieux intérieurs ne subissent aucun excès de pression par le fait du mouvement, la sensibilité devant être aussi parfaite pendant le mouvement que dans l'état de repos. Or il en serait tout autrement si le raccourcissement d'un muscle n'était pas accompagné de l'allongement corrélatif de ses opposants. Le globe, étreint entre un système de forces nécessairement accrues, subirait une somme de pressions normales à sa surface, qui n'auraient d'autre réaction pour les tenir en équilibre que l'expansion réactionnelle des milieux semi-liquides de l'intérieur. Il n'est pas besoin d'insister sur le danger d'un tel état de choses pour l'intégrité de la fonction.

C'est peut-être même à cette cause que l'on doit attribuer l'asthénopie et les altérations matérielles subies par les membranes oculaires dans l'exercice de la vision, sous une convergence binoculaire très-prononcée, comme lors de l'application de la vue à des objets très-rapprochés. L'origine de la choroïdite atrophique de la myopie n'est peut-être pas bien loin de là.

En résumé, on doit considérer que pendant les mouvements associés, ainsi que pendant l'équilibre statique, il y a égalité, constance de pression exercée sur le globe oculaire par les muscles qui le sollicitent; au raccourcissement d'un ou de plusieurs muscles correspond constamment un allongement corrélatif de leurs antagonistes. La forme du globe et son centre de mouvement demeurent constants.

§ 3. — Division ancienne des muscles de l'œil, en muscles de la convergence et muscles de la divergence, adducteurs et abducteurs.

Nous allons maintenant entrer dans l'analyse des forces propres à procurer chacun des mouvements principaux de ces admirables organes.

Dans l'étude générale d'où nous venons d'extraire les considérations qui précèdent, entrant dans le détail de l'action de chaque système de muscles en particulier, au point de vue, non plus de la position du centre de mouvement, assurée par l'équilibre préétabli entre les protracteurs et les rétracteurs, mais sous le rapport des mouvements de rotation autour de ce centre, nous avions reconnu que l'on pouvait classer ces organes de mouvement de la manière suivante :

Première classe : *Adducteurs* ou *convergents*.

1° Le muscle droit interne, principal adducteur ;

2° Les droits supérieur et inférieur, dont les points d'attache, tant fixes que mobiles, montrent l'obliquité d'action dans le sens de la convergence, en même temps qu'ils feraient mouvoir le globe oculaire, l'un en haut, l'autre en bas.

Seconde classe : *Abducteurs* ou *divergents*.

1° Le muscle droit externe;

2° Les deux obliques, lors de leur action simultanée ; ces deux derniers muscles, en effet, considérés dans la direction de leurs points d'attache, suivent une ligne d'action qui en fait rationnellement des supplémentaires du droit externe.

Dans cette analyse sommaire, on reconnaît d'abord qu'il n'y a que deux sortes de muscles dont l'action soit nettement et franchement formulée par leur position ; ce sont les muscles droits interne et externe. La convergence ou la divergence, franchement exécutée dans le plan horizontal, est ainsi parfaitement établie. Mais il n'en est plus de même de toute autre direction. La direction franchement verticale, par exemple, soit en haut, soit en bas, ne saurait être procurée par un muscle spécial; aucun n'est placé de façon à porter directement le globe oculaire, soit en haut, soit en bas. Quant aux mouvements diagonaux, il en est de même. Sont-ils produits par le concours d'un oblique et d'un droit, ou bien de deux droits ensemble? ce n'est pas l'anatomie qui nous l'apprendra; car, *à priori*, les deux combinaisons peuvent conduire aux mêmes résultats. On sait d'ailleurs à combien de discussions ont conduit ces terribles muscles obliques qui n'ont encore, pour le plus grand nombre, qu'une propriété bien incontestable, celle de donner lieu aux opinions les plus opposées. La science heureusement, dans ces derniers temps, grâce à une analyse de physiologie expérimentale, aussi judicieuse que délicate, est parvenue à dissiper ces obscurités. Nous devons, avec tant d'autres bienfaits, à MM. de Graefe et Donders, des données aussi nouvelles que précises sur ces points difficiles, et comme les conséquences auxquelles conduisent ces remarquables analyses ne laissent debout que bien peu du bagage scientifique ancien sur la matière, nous vous prierons de faire table rase de toutes les vagues données du passé, pour vous attacher attentivement aux notions précieuses que nous allons vous exposer.

§ 4. — Lemme physiologique. — Ce que deviennent les méridiens verticaux de l'œil, dans les mouvements associés cardinaux et obliques.

Quelques propositions de physiologie expérimentale bien simples en elles-mêmes, et cependant pleines d'enseignements, ont donné à M. Donders (1) la clef de la plupart des difficultés qui enveloppaient encore le mécanisme des mouvements de l'œil. Dans ces expériences, M. Donders s'était proposé de rechercher

(1) *Ann. d'oculistique*, 1862. — John S. Wells. Traduction de Testelin, *Ophthalmic Hospital Reports*, t. II.

ce que devient le méridien vertical de l'œil pendant ces mêmes mouvements. Mais comment se procurer l'observation exacte et constante de ce méridien pendant les mouvements des yeux ? Voici comment y est parvenu l'ingénieux physiologiste : Il s'est servi, pour cette analyse, de la propriété que l'on connaît à la rétine de conserver pendant un temps plus ou moins long, les impressions qu'y a dessinées un objet lumineux quelconque. Ayant fixé pendant un certain temps, et avec une parfaite constance, une bande lumineuse étroite, se détachant sur un fond obscur et placé verticalement devant lui, M. Donders pouvait alors porter ses regards pendant quelques minutes, dans telle ou telle direction déterminée, et comparer alors, pendant tout ce temps, la position des impressions persistantes gardées par les rétines avec les images qui passaient dans le champ visuel. Ce mode d'expérimentation l'a conduit aux propositions suivantes :

Première proposition. — Lorsqu'on regarde, dans l'exercice binoculaire de la vision, dans le plan méridien horizontal; quelle que soit, dans ce plan, la direction du regard associé, le méridien vertical reste toujours parfaitement vertical.

Deuxième proposition. — Lorsque l'on regarde de haut en bas, ou inversement de bas en haut, dans le plan vertical, ce méridien vertical demeure toujours vertical.

Troisième proposition. — Quand les regards sont portés sur la droite ou sur la gauche, non plus dans l'un des plans vertical ou horizontal, mais en diagonale dans l'un des quatre angles droits de la demi-sphère, les méridiens verticaux de chaque globe s'inclinent parallèlement entre eux, dans la direction où se porte le regard associé ; nous entendons par là que c'est la partie du méridien la plus voisine de l'angle dans lequel se porte le regard qui le suit dans cette direction.

Quatrième proposition. — Ajoutons à ce premier ordre de faits celui-ci : que les deux images persistantes qui déterminent les deux méridiens verticaux se fusionnent constamment sur le point de mire, objet lui-même de la fixation du regard attentif ou intentionnel.

A la lumière apportée par ces propositions, l'analyse de la mécanique oculaire va se faire avec une grande facilité. Mais pour cela, il va falloir jeter un coup d'œil rétrospectif sur les insertions et directions musculaires.

§ 5. — Étude des moteurs de l'œil, au point de vue de l'action de rotation qu'ils impriment au globe; — axes de rotation. — Les mouvements physiologiques associés d'adduction et d'abduction sont dus aux seuls muscles droit interne et droit externe.

Nous avons déjà décrit sommairement les insertions et directions des muscles extérieurs de l'œil, et nous les avons divisés, d'après ces insertions, en deux groupes : les rétracteurs et les protracteurs. Pour l'intelligence ultérieure des mouvements partiels, une division nouvelle devient nécessaire. Les muscles protracteurs (obliques) peuvent, en effet, être considérés comme un système bien défini ayant, en dehors de leur action statique comprise dans le mot protracteurs, une autre action parfaitement nette encore, une action de circumrotation dans un certain plan qui les comprend tous les deux ainsi que leurs points d'attache. Ce plan, représenté dans la figure I en projection par la ligne GHF, est vertical et déterminé 1° par deux points fixes, en haut la poulie du trochléateur, en bas, par le point d'attache du petit oblique au rebord orbitaire; 2° et par un point mobile, le centre des insertions fibreuses qui les rattachent l'un et l'autre au globe lui-même. Le plan ainsi défini coupe l'équateur du globe à environ 6 ou 8 millimètres de l'insertion du nerf optique, dans un œil normal. Il est ainsi dirigé, en partant de ce dernier point, c'est-à-dire d'arrière en avant, de dehors en dedans et vertical.

Suivant MM. de Graëfe et Donders, il coupe le méridien vertical du globe ou l'axe optique, dirigé vers l'horizon, sous un angle de 35° ouvert en avant. Ce plan passe donc toujours, lors de la direction du regard vers l'horizon, en dedans de l'axe vertical de rotation du globe. Ce qui revient à dire que ce même plan ne peut devenir un plan diamétral, c'est-à-dire passant par le centre de rotation du globe, que lorsque le régard se dirige en dedans, à peu près dans la direction des points fixes des muscles obliques. Pour se représenter l'action de ces deux muscles, au point de vue de la rotation du globe sur lui-même, il faut donc imaginer un axe dudit globe perpendiculaire au plan vertical que nous venons de définir, c'est-à-dire un diamètre horizontal incliné sur l'axe optique sous un angle de 35° ouvert en avant. Cet axe est représenté sur la figure par la ligne MN.

Le même mode de description peut être appliqué aux muscles rétracteurs. Mais ceux-ci, au nombre de quatre, nous offrent à considérer deux axes de rotation au lieu d'un seul. Qu'on jette, en effet, un coup d'œil sur les deux muscles droits interne et externe. On voit qu'ils sont tous les deux compris dans le plan méridien horizontal du globe, qu'ils sont par conséquent impuissants tous les deux à modifier, en quoi que ce soit, l'inclinaison du méridien vertical. Leur action unique, on le voit au premier coup d'œil, doit se borner à faire évoluer l'œil autour

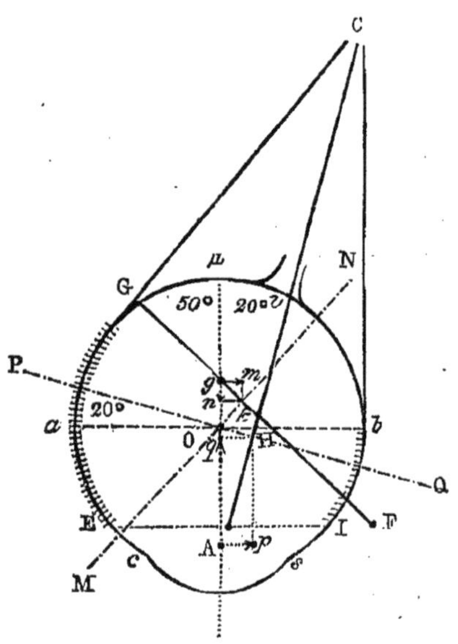

Fig. 1. — Projection schématique des axes des muscles de l'œil *.

* Figure schématique représentant les axes de mouvement de l'œil. — C, point d'attache orbitaire des muscles droits. — A, E, I, points d'insertions mobiles des mêmes. — F, projection de l'insertion fixe des obliques à l'orbite. — G, projection de l'insertion mobile des obliques. — *g*, point pris dans le plan médian vertical et auquel on peut supposer transporté le point G de l'insertion mobile des obliques. — MN, axe de rotation du globe sous l'influence des seuls obliques. — PQ, axe de rotation sous celle des droits inférieur et supérieur. — O, projections de l'axe vertical de rotation sous l'influence directe des droits interne et externe. — *ab*, axe de rotation dans le mouvement direct en haut ou en bas. — *o*A, projection du méridien vertical médian ou polaire. — *μ*, *macula lutea*. — *v*, insertion du nerf optique. — *cs*, limites de la cornée. — *c*E, *s*I, G*v* environ 6 millim. en moyenne. — A*q*, *gn*, projections, dans le plan vertical médian, des forces AH, *g*K. — A*p*, *gm*, projections des mêmes forces sur les perpendiculaires à ce même plan en A et en *g*. Le point A est dans l'hémisphère supérieur du globe, le point *g* dans l'hémisphère inférieur.

d'un axe perpendiculaire à leur plan, l'axe vertical même du globe projeté sur le point O dans la figure (1).

(1) **Tableau statique des forces en présence dans les mouvements de l'œil.**

Appelons DS l'unité de force déployée par le muscle *droit supérieur* dans les mouvements associés des yeux ;

DI la même unité pour le *droit interne;*
DE — — *droit externe;*
Di — — *droit inférieur;*
OS — — *oblique supérieur;*
OI — — *oblique inférieur.*

MOUVEMENTS DIRECTS DE CONVERGENCE OU DE DIVERGENCE.

L'un quelconque de ces mouvements, dans le plan horizontal, est déterminé par la rupture de l'équilibre statique existant entre les forces DE, DI par la prédominance différentielle de l'un de ces deux éléments sur l'autre. Rien de simple comme cette formule.

MOUVEMENTS DIRECTS EN HAUT OU EN BAS DANS LE PLAN VERTICAL.

Ce mouvement est déterminé par l'action combinée d'un des droits supérieur ou inférieur, avec l'oblique de nom contraire.

Étudions la décomposition de ces forces dans le mouvement directement en haut ou autour de l'axe horizontal et transversal de rotation *ab*.

Du côté du droit supérieur, nous observons que l'élément DS représentant l'unité de force mise en jeu (sur la figure par la ligne AH), peut se décomposer, dans le plan tangent au globe oculaire, au point A, en deux forces ; l'une, A*q*, dirigée dans le plan méridien vertical, d'avant en arrière ; l'autre, A*p*, perpendiculaire à ce même méridien. La première, égale à DS cos 20°, a pour effet la rotation du globe autour de l'axe transversal *ab*, portant la pupille directement en haut.

La seconde, ayant pour expression DS sin 20°, a des effets plus compliqués et qu'il nous faut analyser. Cette force, dirigée perpendiculairement au méridien principal, a en effet une double action : l'une qui tend à l'entraîner autour de l'axe vertical de rotation projeté en O, au moyen d'un bras de levier, égal à OA ; l'autre qui tend à renverser le même méridien en dedans, autour de l'axe principal μOA, et qui a pour bras de levier la hauteur du point A au-dessus du méridien horizontal (*fig.* II).

Les composantes de la force développée par le droit supérieur sont donc :

1° Pour le mouvement direct de la pupille de bas en haut, DS cos 20° (A*q*), agissant sur le bras du levier R, rayon du globe.

2° Pour le mouvement de convergence, DS sin 20° (A*p*), bras de levier OA, dans le plan horizontal.

3° Mouvement d'inclinaison du méridien vertical polaire autour de l'axe optique, et tendant à entraîner son extrémité supérieure en dedans : DS sin

Il reste maintenant à décrire les deux muscles droits, supérieur et inférieur. Eh bien! ces deux muscles encore peuvent être considérés comme faisant partie d'un seul système, quand

20° (Ap), appliquée à un bras de levier égal à la hauteur du point A au-dessus du méridien horizontal du globe (OA de la *fig.* II).

Du côté de l'*oblique inférieur*, l'unité de force OI représentée sur la figure par la ligne gK peut se décomposer, dans le plan tangent au globe oculaire, au point g (point d'insertion mobile des obliques), en deux forces; l'une, gn, dirigée dans le plan méridien vertical, de façon à faire tourner le globe autour de l'axe horizontal et transversal ab en portant en haut la pupille. Cette composante a pour expression OI cos 55°, agissant sur un bras de levier égal au rayon du globe R; la seconde composante gm, perpendiculaire au méridien vertical polaire, a pour expression OI sin 55°; mais comme son analogue du droit supérieur, elle présente une action complexe qu'il nous faut analyser. Cette force agit, en effet, sur le méridien vertical polaire auquel elle est perpendiculaire, 1° de façon à le faire tourner autour de l'axe vertical principal projeté en O; 2° de façon encore à le faire tourner de l'axe optique mO, autour en portant l'extrémité supérieure de ce méridien en dehors.

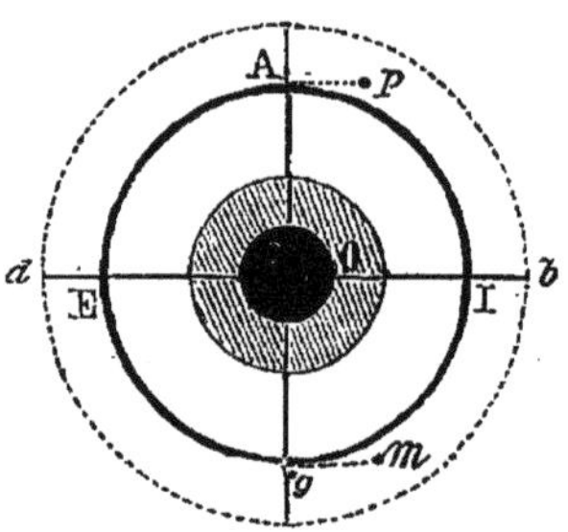

Fig. 2. — Projection des composantes secondaires *.

Les composantes de la force développée par l'oblique inférieur sont donc 1° OI cos 55°, appliquée au bras de levier R et déterminant le mouvement direct qui porte la pupille en haut dans le plan méridien vertical polaire; 2° OI sin 55° (gm) appliquée dans le plan horizontal au bras du levier gO, et portant le globe dans la divergence franche; 3° enfin la même force, OI sin. 55°, agissant sur le méridien vertical de façon à incliner ce méridien en dehors par son extrémité supérieure avec un bras de levier égal à la distance du point g au-dessous du plan méridien horizontal (gm, *fig.* II).

L'observation expérimentale nous a appris que dans ce mouvement direct de la pupille en haut, le plan méridien vertical polaire demeurait vertical; traduite en langage statique, cette proposition revient à dire que la force composante qui, de la part du droit supérieur, tend à porter le méridien vertical dans la convergence, est exactement équilibrée par celle de l'oblique infé-

* Coupe ou projection des mêmes lignes dans le plan vertical qui contient les insertions antérieures des quatre muscles droits. — O, projection de l'axe optique, — AEI projections des insertions antérieures des muscles droits supérieur, interne et externe. — g, projection théorique de l'insertion mobile de l'oblique supérieur et de l'oblique inférieur. — OA, bras de levier de la composante Ap, du droit supérieur, tendant à renverser en dedans le méridien vertical. — Og, bras de levier de la composante opposée gm, de l'oblique inférieur, tendant à entraîner le méridien en sens contraire. — ab, projection de l'axe ab, de la fig. I.

on les envisage au point de vue des mouvements de rotation du globe.

Le plan qui les couperait tous les deux suivant leur axe de

rieur, qui tend à porter ce même méridien dans la divergence ; on a donc :

$$DS \sin 20° \times OA = OI \sin 55' \times Og.$$

De même en est-il des composantes exerçant sur ce même méridien vertical une tendance à inclinaison ; la composante du droit supérieur DS sin 20° (A*p*), qui tend à renverser ce méridien en dedans, est équilibrée par OI sin 55° (*gm*), dont l'action sur le méridien vertical autour de l'axe optique comme axe de mouvement, aurait pour effet de le renverser en dehors.

Il ne reste donc plus en présence que les deux composantes DS cos 20° et OI cos 55° dont les actions s'ajoutent pour porter, comme ferait une force unique, la pupille directement en haut dans le plan vertical.

MOUVEMENT DIRECT EN BAS.

Une discussion identique, et dans laquelle nous n'aurions absolument à changer autre chose que les notations par lesquelles ont été distinguées les forces en présence, nous conduirait à des conclusions calquées sur les précédentes, en ce qui concerne le mouvement direct de la pupille de haut en bas. Il n'y aurait qu'à remplacer DS, droit supérieur, par D*i* droit inférieur, et OI oblique inférieur, par OS oblique supérieur.

MOUVEMENTS ASSOCIÉS OBLIQUES DE HAUT EN BAS OU DE BAS EN HAUT, A DROITE OU A GAUCHE.

Dans l'analyse expérimentale que nous avons faite de ces mouvements, nous avons vu que chacun d'eux se trouvait déterminé par la combinaison du mouvement direct en haut ou en bas, avec l'action, directe aussi, du muscle de la convergence ou de la divergence. La simple combinaison de l'élément DI ou DE avec les composantes, ci-dessus formulées, du mouvement direct en haut ou en bas, donnera donc l'expression, aussi précise que simple, du mouvement que l'on veut déterminer.

Dans ces formules, celle par exemple qui devrait représenter le mouvement oblique en haut et à gauche, et pour l'œil droit, figureraient les composantes suivantes :

$$\begin{cases} DS \cos 20° + OI \cos 55° \text{ pour la composante verticale ;} \\ DI \quad — \quad \text{pour la convergence.} \end{cases}$$

Mais nous avons vu que, dans ce cas, le mouvement de convergence, déterminé par DI, faisait croître l'angle primitivement de 20° du droit supérieur, et décroître l'angle de 55° de l'oblique inférieur avec le plan médian vertical.

Les composantes perpendiculaires au méridien vertical, DS sin 20° et OI sin 55° voient leur égalité troublée, et l'équilibre rompu en faveur de celle des deux forces dont le sinus ou l'angle augmente. L'avantage demeure donc figure, axe représenté dans le dessin par la ligne CA, est encore un plan vertical dirigé d'arrière en avant et de dedans en dehors, et coupant l'axe optique, toujours supposé dirigé vers l'horizon, suivant un angle de 20° ouvert en arrière. Le mouvement de rotation du globe qu'ils seraient aptes à produire, par leur antagonisme, serait donc dirigé autour d'un axe horizontal PQ faisant un angle de 70° avec l'axe optique, angle ouvert en arrière.

Au point de vue de la rotation du globe, nous trouvons donc trois axes de mouvement : un vertical, deux horizontaux, ces deux derniers faisant avec l'axe optique, l'un un angle de 70°, l'autre un angle de 35°.

Cette exposition bien comprise, il va nous être facile d'assigner à chaque nature de mouvements ses agents spéciaux.

Occupons-nous d'abord des mouvements dans le plan horizontal ou autour de l'axe vertical projeté en O. Les forces qui y président, dans les deux sens, sont bien aisées à déterminer : ce sont évidemment les muscles droits externe et interne qui agissent sur cet axe de mouvement avec des bras de levier égaux aux rayons mêmes de la sphère oculaire, les lignes OI, OE.

Ici on doit faire la remarque que dans les deux autres groupes de muscles, on pourrait trouver encore des agents de

aux composantes secondaires du droit supérieur, et de ces forces, l'une contribue à la convergence, et l'autre porte le méridien vertical dans l'inclinaison en dedans par son extrémité supérieure. Ce qui est conforme aux résultats de l'observation dont cette formule n'est au fond que l'expression géométrique.

Pour tout autre mouvement, dans toute autre direction, il n'y aurait, comme nous l'avons fait plus haut, que les notations à changer; quant au reste, formules et raisonnements, tout y serait identique.

Une conséquence remarquable de cette analyse (*expérimentale*, ne l'oublions pas) n'échappera pas au lecteur : c'est que, dans les mouvements associés, les muscles droit supérieur et oblique inférieur d'une part, droit inférieur et oblique supérieur d'autre part, reçoivent toujours une quantité d'influx nerveux ou *déploient une force proportionnelle parfaitement définie* et toujours dans le rapport des sinus de leur inclinaison sur le plan vertical, à savoir $\frac{\sin 20^\circ}{\sin 55^\circ}$. Cette conséquence géométrique représente le fait expérimental établi par Donders, que dans le mouvement direct en haut ou en bas de la pupile, le méridien vertical demeure vertical.

rotation du globe autour de l'axe vertical, les deux muscles projetés suivant la ligne GF, les obliques, dont l'objet principal est de déterminer la rotation du globe autour de l'axe horizontal MN, vis-à-vis duquel ils sont en antagonisme; si on les considère au contraire, dans leur mise en action simultanée, ils semblent aussi disposés de façon à faire tourner le globe autour de l'axe vertical et l'y dirigeraient en portant la cornée en dehors : n'ont-ils pas vis-à-vis de cet axe vertical le bras de levier OK?

De même encore pour les muscles droits inférieur et supérieur; si leur principale action est évidemment un antagonisme de rotation autour de l'axe horizontal PQ, n'ont-ils pas également, relativement à l'axe vertical O, un bras de levier OH qui leur permettrait, en agissant simultanément, de faire tourner le globe dans le plan horizontal et dans la convergence? Ce point théorique a été établi, il y a une vingtaine d'années, par M. J. Guérin (1).

Tout cela est très-rationnel et parfaitement mathématique; mais l'observation des cas pathologiques a appris que ces actions rationnelles n'avaient jamais lieu isolément dans le regard associé. Quand le muscle droit externe est paralysé incomplétement, les obliques qui, dans ce système, devraient le suppléer, et dont le bras de levier devient le plus favorable au moment où cesse l'action du droit externe, les obliques, disons-nous, cessent aussi à ce même moment, l'action supplémentaire qu'ils auraient pu avoir. De plus, quand le droit externe est tout à fait paralysé, et que l'on ferme l'œil sain pour isoler l'action musculaire de l'autre, le mouvement de divergence que produisent les obliques est inégal, interrompu, saccadé, ondulé et démontre que si ces muscles sont disposés de manière à pouvoir produire l'effet dont nous parlons, ce n'est pas là toutefois leur rôle habituel et physiologique. Ce mouvement supplémentaire ne dépasse pas 15°.

L'absence presque certaine du concours ordinaire des obli-

(1) *Conférences faites à l'hôpital des Enfants.* J. Guérin, 1841. (*L'Examinateur médical, — Ann. d'oculistique.*)

ques pour l'abduction peut conduire par analogie à soupçonner le groupe des adducteurs, droits supérieur et inférieur, de ne point concourir non plus habituellement au mouvement directement en dedans, par leur action simultanée sur l'axe vertical au moyen du bras de levier OH. Une autre raison doit encore conduire au même sentiment : à savoir la brièveté de ces bras de levier dans la première période du mouvement; on comprend que ces muscles l'achèvent lorsqu'il est déjà fort avancé, leur bras de levier semble alors fort bien disposé pour cela; mais c'est justement en ce moment-là que l'observation pathologique vient témoigner de leur inaction, au moins lors du regard binoculaire.

Le mouvement supplémentaire que ces muscles peuvent produire dans le cas de paralysie complète, se borne en effet à 10 ou 15° au plus en dedans. Ce mouvement angulaire correspond à une ligne environ pour la grandeur linéaire du déplacement de la pupille ou de la cornée.

En outre, la cornée est un peu portée en haut : l'oblique inférieur, en ce cas, accuserait donc davantage son action.

Dans ces deux cas, pour noter ces actions supplémentaires, il faut que l'œil sain soit couvert. — Les mouvements associés, au contraire, ne leur permettent pas de se manifester. Comme, d'ailleurs, toutes les actions nerveuses régulières se basent sur le principe de l'association des mouvements des deux yeux, nous ne pourrons donc considérer les développements qui précèdent que comme purement théoriques, des vues d'induction avec lesquelles les faits ne sont point en concordance. Dans les mouvements associés, les muscles droits supérieur et inférieur n'agissent jamais ensemble. Il en est de même des obliques.

En résumé, les mouvements directs de l'œil dans le plan horizontal, ont, lors du regard associé ou binoculaire, pour seuls agents les muscles droits interne et externe. Les muscles obliques, qui appartiendraient par leurs insertions au groupe divergent, les muscles droits supérieur et inférieur, qui semblent, de leur côté, en situation convenable pour amener la convergence, peuvent peut-être concourir à ces mouvements, sur la fin de leur accomplissement, mais l'observation apprend qu'ils sont impropres à les produire par eux-mêmes, si les muscles directs font défaut.

Ils ne concourent donc point directement à ces mouvements dans l'état physiologique; ils n'agissent jamais simultanément.

§ 6. — Mouvements directs ou cardinaux de la pupille en haut et en bas. — Ils sont, l'un et l'autre, l'effet de la résultante de l'action combinée de deux forces, et non le produit d'une seule. Chacun de ces mouvements est déterminé par l'un des muscles *droits supérieur* ou *inférieur*, associé en combinaison définie, avec l'*oblique de nom contraire*.

Nous avons vu que lorsque le regard associé se porte dans le plan horizontal, dans le sens interne ou externe, le méridien vertical de chaque œil ne cesse point de demeurer dans le plan vertical; l'axe de rotation est donc lui-même dans le plan vertical : cet axe est donc le diamètre vertical même du globe, et par rapport à lui les muscles droits externe et interne sont dans la situation dynamique la plus parfaite, pour faire mouvoir le globe autour de lui dans un sens ou dans l'autre. M. Donders nous a appris également que dans le mouvement directement en haut ou en bas, ce même méridien vertical ne cessait point d'être vertical. Mais ici, si nous nous demandons quelles sont les puissances appliquées au globe oculaire et qui soient en situation de déterminer l'un de ces deux derniers mouvements, celui directement en haut ou directement en bas, la question devient un peu plus complexe que celle que nous venons de résoudre. Parmi les systèmes de muscles que nous avons décrits, aucun n'est exactement dirigé dans ce plan vertical. Parmi ceux qui semblent aptes, à première vue, à concourir plus ou moins directement au mouvement dont il est question, l'un des systèmes fait, avec ce même plan vertical, un angle de 55°, l'autre un angle de 20°. Leur combinaison seule est donc apte à produire l'évolution directe en haut ou en bas. Mais alors, à ce point de vue, leur action va devenir claire; si le droit supérieur entre en jeu pour porter la pupille en haut, il n'y a qu'à jeter un coup d'œil sur la figure 1 pour voir que son action sera de faire tourner le globe autour de l'axe de rotation PQ, axe incliné de 70° sur le méridien vertical. La pupille, au lieu d'être portée directement en haut, va donc être élevée dans un plan faisant avec le plan vertical un angle de 20° en dedans. Ce n'était pas là l'objet proposé. Il faut donc appeler en action quelque autre système de muscles disposés de façon à combattre cette composante latérale qui a entraîné la pupille en dedans. Mais où sont ces muscles? Le droit externe ou le droit interne? Ces muscles, on le sait, entièrement compris dans le plan horizontal, sont sans action sur le méridien vertical. Ce n'est donc pas à eux que peut incomber le soin de détruire une composante dirigée elle-même dans leur propre plan. Ce rôle, par voie d'élimination, aussi bien que par argumentation directe, est donc forcément dévolu au système des obliques. L'analyse spéciale de leur action devient dès lors fort simple. Seul ce système, en faisant tourner le globe autour de l'axe horizontal MN, donne naissance à un mouvement dont la résultante peut représenter deux composantes, l'une dans le plan vertical, l'autre dans le plan horizontal. La première combinera, par addition, son effet avec celle de même sens qui naît de l'action du droit supérieur; la seconde, composante horizontale, détruira celle de même nom qui, dans le premier système, menaçait de produire un effet contraire à l'objet proposé. En d'autres termes, si le droit supérieur crée par son action une dérivation de la pupille en dedans, le système des obliques, par un mouvement de rotation en haut ajoutant ses effets au mouvement en haut du droit supérieur, donne en même temps naissance à une action horizontalement dirigée de dedans en dehors et qui annule la composante fâcheuse qu'avait créée le droit supérieur. D'après le sens dans lequel les obliques peuvent agir par rotation sur le globe, on voit d'ailleurs que c'est le raccourcissement, ou la contraction active de l'oblique inférieur qui seule peut produire le transport en haut de la pupille autour de l'axe horizontal MN.

Une discussion identique nous démontrerait que le mouvement directement en bas est procuré par l'action combinée, et dans le même rapport, du droit inférieur et de l'oblique supérieur.

Voilà pour les deux mouvements directs qu'on avait jusqu'ici trop légèrement considérés comme dus au seul système des droits supérieur et inférieur. Ils sont le produit d'une résultante et non pas d'une action unique. La formule de ce paragraphe exprime le résumé de cette action complexe.

§ 7. — Mouvements obliques ou diagonaux : ils sont l'effet résultant de la combinaison du groupe élévateur ou abaisseur *direct*, avec le muscle, *direct* aussi, de l'adduction ou de l'abduction.

MOUVEMENTS OBLIQUES OU DIAGONAUX.

Si nous avions à déterminer *à priori*, et par l'induction rationnelle, quelles sont les puissances appliquées par la nature au globe de l'œil et qui seraient en situation favorable, par leur concours et leur combinaison, pour porter la pupille dans l'une des positions intermédiaires en haut ou en bas, en dedans ou en dehors, nous ne ferions que nous conformer aux lois de la logique la plus rigoureuse en supposant que ce mouvement a pour composantes les forces qui tendraient à porter la pupille, d'une part dans le méridien vertical en haut ou en bas, de l'autre, celles dont la tendance serait, au contraire, de l'entraîner dans le plan horizontal, en dedans ou en dehors, suivant l'objet du mouvement. Si par exemple, au lieu de la combinaison de l'oblique inférieur et du droit supérieur nécessaire pour porter directement en haut la pupille, nous n'avions eu à considérer, comme organe de ce mouvement, qu'un muscle unique compris dans le plan vertical, rien n'eût été plus simple, de l'avis de chacun, que de concevoir le mouvement diagonal, comme produit par l'action combinée de ces deux muscles situés l'un dans le plan vertical, l'autre dans le plan horizontal. Eh bien ! ici, au lieu de deux muscles, nous en avons trois, en présence. Le groupe droit supérieur et oblique inférieur agit comme un seul muscle, et l'action résultante se combine avec celle du droit externe ou interne, suivant les cas. Voilà ce que nous dirait l'induction. Or, l'observation pathologique, que seule nous pouvons invoquer ici, nous révèle exactement la même chose. Prenons pour exemple l'analyse du mouvement des deux yeux dans le regard en haut et en dehors à droite. On a appris, par l'observation citée de M. Donders, que lors de ce mouvement, le méridien vertical de chaque œil se porte par son extrémité supérieure vers la droite, c'est-à-dire dans la même direction que le regard. Supposons maintenant *le muscle droit externe, du côté droit, paralysé.* (Nous choisissons ce muscle-là parce que, étant animé par un nerf spécial et exclusif à lui, les caractères de sa paralysie sont nettement définis et sans risque de confusion avec la paralysie des autres muscles.) Eh bien ! dans ce cas qu'arrive-t-il? Sous l'empire de la loi fonctionnelle instinctive, l'influx nerveux est jeté sur les organes propres à procurer le mouvement binoculaire associé ; l'œil gauche, parfaitement sain, se dirige dans le sens indiqué, et porte son méridien vertical dans l'inclinaison en haut et en dedans, ainsi que sa pupille dans la diagonale voulue, à une certaine hauteur au-dessus du plan horizontal. L'œil droit a reçu la même impulsion ; mais il n'a obéi que partiellement à cette impulsion ; que s'est-il passé de son côté ? Le voici : Sa pupille s'est élevée à la même hauteur que celle de l'œil sain, accusant par là très-nettement l'action élévatrice du système que la volonté a tendu à mettre en mouvement. Quant à la composante horizontale externe, elle a fait défaut : l'observateur reconnaît que les yeux sont en état de strabisme convergent. Les impressions subjectives du sujet révèlent le même fait ; l'objet visé est vu double, et les images sont homonymes. En outre, celle de l'œil droit est inclinée sur celle de l'œil gauche, son extrémité supérieure s'écarte sensiblement de l'extrémité supérieure de l'image correspondant à l'œil gauche. Les enseignements subjectifs sont donc ici les mêmes que ceux fournis par l'observation extérieure ; ils nous apprennent, comme les premiers, que le méridien vertical dans l'œil droit paralysé est resté vertical. Ainsi le démontre, d'une part l'élévation directe de la pupille de l'œil droit jusqu'à la hauteur à laquelle est parvenue la pupille de l'œil gauche. Ainsi le démontre également l'inclinaison relative des images de la diplopie. Les sensations fallacieuses de l'œil droit, partiellement paralysé, sont jugées par les notions apportées par l'œil sain, le gauche. Ce dernier voit l'image droite et son méridien vertical s'est incliné à droite. L'image, dans l'œil droit, est bien droite également; mais le méridien vertical est demeuré vertical, tandis que les notions monitrices apportées par le système nerveux le représentent au sensorium comme s'étant mis, avec son congénère, dans l'état de parallélisme physiologique, c'est-à-dire incliné en dehors par son extrémité supérieure. Supposons que cette inclinaison ait dû être, par exemple, de 20°. Le système musculaire de l'œil droit, dont le diamètre vertical est demeuré vertical, trompé par la paralysie, représente faussement au sensorium ce méridien dans la position inclinée de 20° en haut et en dehors (l'extrémité supérieure); l'image dessinée dans cet œil, sur ce méridien même, est donc rapportée à la position erronée attribuée à ce méridien, c'est-à-dire son extrémité supérieure (à elle image) inclinée *en haut et en dehors* de 20°.

Mais si les impressions oculaires sont projetées au dehors renversées, les diamètres de l'image et de l'objet sont toujours dans le même plan, passant par l'axe optique. Les directions du diamètre longitudinal ou vertical de l'objet seront donc vues par l'œil gauche dans la direction verticale, mais par l'œil droit, dans cette direction inclinée de 20° (le pied en dedans) ou en dehors par en haut.

Comme d'autre part les images sont homonymes, puisque le strabisme est convergent, les deux images extérieures seront donc appréciées dans ce même sens, s'écartant en haut de 20°, dans l'hypothèse admise.

L'observation des effets de la suspension pathologique de l'action du muscle droit externe, nous révèle donc le genre de mouvement que ce muscle a pour effet de produire. Elle nous démontre de façon évidente que le mouvement oblique, ou en diagonale, dans l'un des angles de l'espace, est la conséquence résultante de l'action combinée du muscle direct de la convergence ou de la divergence franches, avec celle du *groupe* du mouvement direct, en haut ou en bas, puisque l'absence du droit externe laisse le méridien vertical dans sa direction première. Ce groupe représentera donc toujours pour nous une seule force, la force directe en haut ou en bas.

Cette même proposition a été démontrée aussi par l'analyse mécanique et l'ophthalmotrope, par l'école physiologique de Leipzig et en particulier par son illustre chef M. Ruete (1).

(1) Thèse soutenue à Leipzig le 22 sept. 1857 (Ruetii *Singuli oculorum sex musculi quid valeant ad eorum motus?*).

DEUXIÈME LEÇON

ÉTUDE PHYSIOLOGIQUE DES MOUVEMENTS DE L'ŒIL

(SUITE.)

§ 8. — Mécanisme de l'inclinaison du méridien vertical polaire, lors des mouvements associés du regard oblique.

Une question secondaire, fort intéressante et des plus curieuses, se pose à la suite de cette analyse.

D'après ce que nous venons de voir, lors du regard oblique associé, c'est à la suite de la suspension d'action du muscle direct, externe ou interne, que s'observe la conservation de la verticalité du diamètre vertical propre du globe. D'où la conséquence naturelle que l'action de ces muscles est la condition ou une des conditions de l'inclinaison du méridien vertical dans le sens dont il s'agit dans les observations qui précèdent. Révélation faite pour surprendre au premier abord, quand on considère que les muscles droits externe ou interne sont, par leur situation, sans influence directe, par eux-mêmes, sur l'inclinaison du méridien vertical dans un sens ou dans l'autre.

Il y a donc lieu de penser que, par le fait de leur entrée en jeu, des composantes inattendues vont se manifester et qui seront de nature à incliner ledit méridien vertical dans les sens indiqués. La discussion suivante va nous montrer qu'il en est effectivement ainsi.

Nous n'avons jusqu'ici considéré l'action des muscles obliques d'une part, droits supérieur et inférieur d'autre part, qu'au point de vue de leur action, soit autour de l'axe vertical projeté en O (action de divergence ou de convergence), soit autour des axes de rotation MN et PQ situés dans le plan horizontal.

Mais il est encore une autre action que peuvent déterminer ces muscles et qui, équilibrée par leur concours dans la production des mouvements directs en haut et en bas, en dehors ou en dedans, peut se manifester et se manifeste effectivement dans les mouvements obliques ou diagonaux ; et cette action est précisément l'inclinaison du méridien vertical.

Si l'on jette les yeux sur la note (1) qui a pour objet l'analyse statique des forces en présence dans l'équilibre du globe, on voit qu'en sus des composantes qui représentent, dans le plan vertical, l'action élévatrice ou déprimante directe des muscles droits ou obliques, et de celles qui, projetées dans le plan horizontal, doivent produire le mouvement du globe autour de l'axe vertical O, il reste à considérer encore une troisième composante, perpendiculaire au méridien vertical et qui, eu égard à son point d'application à l'extrémité d'un rayon de la sphère oculaire, aurait pour effet l'inclinaison du méridien auquel elle est perpendiculaire (le méridien polaire vertical), dans les directions précédemment indiquées. C'est cette composante qui, dans l'analyse ci-dessous, animerait le couple ayant pour bras de levier le rayon même du globe, R.

Or, comme nous le faisions remarquer dans la note, lors des mouvements directs en haut et en bas, déterminés par l'action combinée d'un des droits supérieur ou inférieur avec l'oblique de nom contraire, les composantes qui, pour l'un d'eux, produiraient la convergence et chez l'autre la divergence, se neutralisent mutuellement; il ne reste intacte que la composante dirigée dans le plan vertical, et celle-ci détermine un mouvement direct autour d'un axe de rotation horizontal *ab* intermédiaire aux axes MN et PQ.

Or ces composantes qui s'annulent pour la convergence ou la divergence, ce sont justement les mêmes qui animeraient les couples opposés par lesquels sont inclinés l'un en dedans, l'autre en dehors, les méridiens polaires verticaux; ces couples ayant même bras de levier, même force appliquée et affectant

(1) § 5.

d'ailleurs des directions opposées, vont donc ainsi se faire mutuellement équilibre.

Mais imaginons maintenant qu'au lieu de se passer dans le plan direct du mouvement vertical pour lequel ces forces se font équilibre, l'un des muscles droits externe ou interne entre en jeu pour porter le regard dans la convergence ou la divergence, en même temps que le groupe élévateur ou abaisseur vient concourir au regard associé dans le sens diagonal.

Pour fixer les idées, supposons qu'il s'agisse de convergence.

L'effet premier de ce mouvement, en ce qui concerne le plan des obliques, est de rapprocher graduellement ce plan du parallélisme avec le plan du méridien polaire vertical, jusqu'à les faire enfin coïncider, quand la ligne GF en est venue à passer par le point O, centre du globe.

Or, à mesure que ce mouvement s'est effectué, l'action de la composante convergente du plan des muscles droits supérieur et inférieur a augmenté avec le sinus de l'angle de l'inclinaison du plan de ce dernier sur le plan vertical ; la composante divergente des obliques a diminué dans le même rapport, jusqu'à devenir enfin nulle.

Quelle peut être la conséquence de ce double fait, si ce n'est la manifestation de la composante convergente du plan des droits supérieur et inférieur, que ne contre-balance plus la composante équilibrante des obliques dans le sens de la divergence.

A mesure que le droit interne agit davantage, portant en dedans le point d'attache mobile des droits supérieur et inférieur, et en dehors celui des obliques, l'action de convergence propre aux premiers se manifeste davantage, s'ajoute ainsi aux effets du muscle direct (le droit interne), dont le bras de levier diminue avec le mouvement déjà produit.

Mais il reste encore à considérer l'effet du couple appliqué au méridien vertical polaire. Les conséquences de l'action du muscle droit interne sont les mêmes en ce qui concerne l'inclinaison du méridien vertical qu'en ce qui regarde la convergence. Avec l'action en dedans et en haut, la composante de l'inclinaison en dedans et en haut va croître dans la même proportion que diminue son antagoniste; et réciproquement. Voir figure 2.

Le méridien vertical polaire, qui éprouve les effets de ce couple, doit donc s'incliner du même côté, dès le commencement du mouvement et d'autant plus que le mouvement se prononce.

Et voilà comment, impuissant à incliner le méridien vertical polaire et même à le porter franchement dans la convergence, quand il est réduit à lui-même, le plan du muscle droit supérieur et inférieur détermine au contraire ces effets au fur et à mesure que l'action du muscle droit de la convergence augmente les bras de levier de ce système au détriment de celui des obliques. Et voilà comment, en même temps, la même composante du droit supérieur agit sur le globe comme puissance rotatrice du méridien vertical, inclinant ce méridien (dans le cas qui nous a occupé), son extrémité supérieure *en dedans*.

Ce que nous venons de dire s'appliquerait, mot pour mot, au mécanisme de l'inclinaison du méridien vertical polaire, sous l'influence des obliques, lors du mouvement de divergence.

En un mot, pendant les mouvements diagonaux ou obliques, le droit supérieur ou le droit inférieur, s'il s'agit d'un mouvement en dedans; l'oblique supérieur ou l'inférieur, s'il s'agit d'un mouvement en dehors, se manifestent par leurs composantes secondaires; produisant alors un mouvement additionnel de convergence dans le premier cas, de divergence dans le second et en outre une inclinaison dans le même sens du méridien polaire vertical.

§ 9. — Mouvements de convergence mutuelle, en haut et en bas, dans le plan vertical médian.

La méthode de Donders, appliquée à l'étude des positions du méridien vertical polaire, dans les mouvements de convergence mutuelle, doit être encore une fois consultée. Elle nous apprend que, dans ces mouvements, soit qu'ils se passent dans le plan horizontal de l'orbite, soit qu'ils aient lieu en haut ou en bas, les deux méridiens polaires restent encore verticaux; et cela quel que soit le degré de convergence. L'interposition d'un prisme de 20° à sommet interne n'altère pas cette verticalité, même après le fusionnement des images doubles premièrement accusées.

On peut être surpris de ce fait en le comparant aux enseignements qui ressortent de la discussion précédente, et dans laquelle nous avons vu que le simple fait de la convergence ou de la divergence mettait en évidence la composante qui détermine l'inclinaison du méridien principal ou la rotation de la pupille sur elle-même.

On se rendra cependant compte de cette apparente dérogation à une loi de mécanique, en observant que le mouvement associé de convergence mutuelle n'approche jamais, pour prononcé qu'il puisse être, des mouvements associés obliques vers l'horizon ou les objets quelque peu distants de l'œil. Alors on conçoit que le plan des obliques, n'arrivant jamais jusqu'à ce point de se confondre avec un des méridiens verticaux de l'œil, conserve toujours une composante perpendiculaire à ce plan méridien. Or on peut supposer, sans faire violence aux éléments de la question, que la loi de synergie qui préside au mouvement de convergence mutuelle affecte à celui des obliques appelé à entrer en jeu, une dose d'action suffisante pour que sa composante, perpendiculaire au méridien principal, ait l'énergie nécessaire pour maintenir, contre son antagoniste du muscle droit congénère, la verticalité de ce méridien.

Il faut évidemment, pour cela, que le muscle oblique reçoive une somme d'influx nerveux supérieure à celle qui lui est naturellement dévolue dans le regard associé parallèle correspondant à la même inclinaison du plan des obliques sur le plan vertical médian. Cette circonstance devra être présente à l'esprit quand on voudra se rendre compte de la fatigue musculaire ressentie à la suite des mouvements de convergence mutuelle soutenus ou exagérés, au-dessus ou au-dessous du plan horizontal ou équatorial. C'est une circonstance qui doit, si nous ne nous trompons, jouer un rôle dans l'asthénopie musculaire et même dans la production du staphylôme postérieur, si cette altération anatomique est, comme on paraît disposé à le croire, la conséquence d'un excès de pression, déterminé par l'excès de convergence.

L'excès de force imposé aux obliques pour le maintien de la verticalité du méridien principal, ne peut avoir lieu sans peser sur la pression subie par le globe, dès lors, sans changer les conditions économiques de circulation et de nutrition dans les membranes profondes.

Il y a là matière à méditation.

§ 10. — Anciennes opinions sur le rôle des muscles obliques dans les mouvements de l'œil.

Au nombre des conséquences de la formule que nous venons de donner de la statique et de la dynamique du globe oculaire, une assurément des plus importantes et des plus longuement attendues sera l'avantage d'être désormais édifiés sur le rôle et le jeu des muscles obliques. De tout temps ces muscles obliques ont eu le privilége d'attirer l'attention des physiologistes; et la fonction qu'ils remplissent dans l'économie des mouvements de l'œil a été, depuis l'enfance de la myologie, l'objet de controverses incessantes. Parmi les diverses opinions qui ont eu le plus de faveur, nous en retiendrons deux qui paraissent, en définitive, s'être partagé les noms les plus sérieux dans la physiologie. La première, due à Hunter, repose sur la considération suivante : le grand physiologiste anglais, trompé sans doute par une observation mal assurée (et difficile d'ailleurs, car plusieurs s'y sont trompés encore depuis), Hunter, disons-nous, avait cru voir que lors des mouvements de la tête s'inclinant sur l'une ou l'autre épaule, les deux globes oculaires maintenaient, pendant ces mouvements, leur méridien horizontal dans le plan même de l'horizon. Les deux globes, dans cette circonstance, eussent donc fait subir à ce méridien, autour de l'axe optique, un mouvement angulaire égal et contraire à l'angle du mouvement du plan des deux centres optiques sur l'horizon.

Sans entrer dans une explication plus détaillée du mécanisme exécuté pour cet objet, les muscles obliques avaient été en bloc investis de cet office.

Cette opinion a été reprise depuis, et plusieurs essais de démonstration ont été proposés en sa faveur. Nous n'avons pas besoin de rappeler la lutte soutenue devant la société de médecine de Gand par MM. Szokalski et Hueck, ni les conclusions de la savante compagnie. Nous ne reviendrons pas non plus sur d'autres essais plus récents, publiés à l'appui de cette opinion désormais jugée.

Deux méthodes expérimentales, dont les conclusions excluent sur ce point toute possibilité de doute, ont fait justice d'une erreur échappée à un grand homme, et qu'il eût certainement relevée lui-même, s'il était permis au génie plus qu'au reste des mortels d'assister au développement de ses propres idées.

L'une de ces méthodes expérimentales appartient à M. Donders. C'est celle que nous avons rappelée au commencement de ce travail, et qui consiste à observer ce que deviennent, dans les différents mouvements des yeux ou de la tête, les méridiens verticaux et horizontaux des globes, en suivant les modifications de position éprouvées pendant ces mouvements, par des impressions lumineuses linéaires persistant dans les rétines. M. Donders a fait voir que deux traces lumineuses, dessinées linéairement dans le méridien horizontal des rétines, dans la position droite et régulière de la tête, suivaient celle-ci dans tous ses mouvements et affectaient la même inclinaison sur l'horizon que la tête elle-même.

Dans notre *Traité de la Vision binoculaire*, au § 285, nous avons également insisté sur la signification, dans la question qui nous occupe, d'un fait d'observation qui conduit aux mêmes conséquences que celles de M. Donders. Nous voulons parler des apparences étoilées que prennent les points lumineux brillants éloignés, en peignant leur image sur notre rétine, quand celle-ci n'occupe pas le foyer mathématique exact de l'appareil réfringent. Ces formes stellaires sont dues, on le sait, au passage de la lumière à travers les interstices à type hexagonal qui séparent les secteurs du cristallin. Or, ces apparences suivent tous les mouvements de notre tête, quelle que soit l'inclinaison qu'elle affecte, et ne laissent, pas plus que l'observation des images persistantes, de place à l'opinion qui fait exécuter aux globes oculaires un mouvement inverse de celui de la tête.

Nous pouvons donc nous croire autorisé à ne plus revenir sur ce point condamné.

L'autre opinion a, paraîtrait-il, son origine dans les travaux de Bichat, et, par ce motif, est en possession de la faveur classique. Dans cette opinion, les muscles obliques seraient chargés du mouvement de rotation du globe autour de l'axe antéro-postérieur, mouvement de rotation justement observé par les physiologistes, mais sans désignation des circonstances fonctionnelles auxquelles il appartient, ni de l'étendue qu'il parcourt. Enveloppé dans ce vague, le rôle attribué aux obliques n'était vraiment qu'un aperçu et non une proposition sérieuse.

Dans ses belles recherches (1), M. Jules Guérin avait reconnu aux muscles obliques ce même effet de rotation, et en outre, leur second effet de puissance abductrice ou divergente, attributions parfaitement rationnelles si l'on se borne à considérer la direction de ces forces, mais pourtant inexactes, si l'on veut se renfermer dans l'observation pure et simple du fait physiologique.

Ce n'est qu'aux derniers travaux des écoles de Berlin, d'Utrecht et de Leipzig, travaux dont la substance se trouve résumée dans les pages qui précèdent, que nous sommes enfin redevables de notions précises sur la portée et l'étendue du rôle joué par les obliques, lors des mouvements associés et réguliers des globes oculaires, soit comme puissances divergentes, soit comme puissances rotatrices. Nous savons maintenant que ces actions de divergence ou de rotation ne sont

(1) *Sur le Strabisme*, Paris, 1843.

que des composantes *secondaires*, équilibrées ou équilibrantes et n'ayant, que dans des circonstances bien définies, des effets d'ailleurs limités. Nous avons vu dans la discussion des §§ 7 et 8, que ces forces secondaires des muscles obliques se trouvaient constamment en opposition (nous entendons dans les cas physiologiques) avec des composantes contraires appartenant aux muscles droits supérieur et inférieur; que les obliques jouaient le rôle d'abducteurs, à peu près au même titre que les muscles droits supérieur et inférieur jouent celui d'adducteurs, c'est-à-dire en annulant le plus généralement l'action du groupe opposé. Nous avons reconnu en outre que dans les mouvements associés, les deux muscles du même groupe n'agissaient jamais simultanément.

Sous le rapport de la rotation du globe autour de son axe antéro-postérieur, l'opposition de ces deux groupes de muscles a un caractère plus remarquable encore. Ils agissent, en effet, chacun à leur tour comme rotateurs, suivant que l'extrémité supérieure du méridien vertical polaire doit être portée en dedans ou en dehors, et dans ce cas, l'effet constaté n'est encore dû qu'à une différence de forces. Aussi, à ce dernier égard, les mouvements de rotation, est-on en droit de considérer les muscles droits supérieur et inférieur comme des agents de rotation tout aussi complets que les muscles obliques. A ce titre, on pourrait les nommer les rotateurs de la convergence, comme les obliques les rotateurs de la divergence, et ajouter, pour être complet, que ces actions deviennent manifestes dans les seules circonstances des regards associés obliques ou diagonaux. Et on a ainsi un exposé théorique complet, et fondé sur l'observation physiologique, des mouvements des globes oculaires et du rôle de chaque groupe de muscles.

Dorénavant, et pour tous les mouvements directs cardinaux, c'est-à-dire dans le plan horizontal ou dans le plan vertical, les obliques antérieurs ou divergents, comme les obliques postérieurs ou convergents (nous demandons la permission de désigner ainsi les muscles droits supérieur et inférieurs), ne sont que des élévateurs ou des abaisseurs de la pupille ; et agissent toujours par synergie croisée, un droit supérieur ou inférieur avec l'oblique de nom contraire; jamais ensemble dans les mouvements associés.

Cette action résultante se combine alors simplement avec un des droits externe ou interne pour produire un des mouvements diagonaux : et c'est alors seulement que, lors de la convergence, apparaît la composante rotatrice des obliques postérieurs — et dans la divergence, la composante de même ordre des obliques classiques.

Ainsi formulé, le mode d'action des obliques et des droits est des plus simples à comprendre et à se représenter; et nous tirerons de cette exposition un secours extrêmement puissant pour l'intelligence des phénomènes subjectifs des paralysies de ces muscles.

§ **11.** — Des axes optiques, principaux ou polaires. — La *macula lutea* est le centre de l'attention et du tableau. — Divergence physiologique de l'axe de la cornée avec l'axe optique proprement dit.

Ayant décrit et étudié le globe oculaire au point de vue de son équilibre statique et dynamique, nous sommes naturellement conduit à appliquer ces données de mécanique à l'étude générale des lois de leurs mouvements associés dans l'acte et pour l'accomplissement de la vision parfaite ou binoculaire.

Deux principes vont gouverner cette seconde partie de notre travail : D'une part, la nécessité d'une harmonie complète entre les mouvements de l'un et de l'autre globe, obéissant ainsi à une synergie, à une sympathie entière; de l'autre, le rapport constant ou variable, que cette même synergie paraît avoir avec un autre élément mécanique de la fonction, à savoir : l'adaptation de chaque organe aux distances variables des objets.

Ces deux points nous occuperont séparément. Parlons d'abord de l'harmonie mécanique extérieure.

Elle se résume dans le concours constant (dans l'état physiologique) des deux axes optiques principaux ou polaires sur le point où se fixe l'attention.

En d'autres termes, dès qu'un objet appelle et fixe, fût-ce pour un seul instant, l'*attention*, en ce moment les deux axes optiques, les deux axes antéro-postérieurs qui partent de la *macula lutea*, se rencontrent exactement sur l'objet.

La précision de la notion qui résulte de ce croisement et nous révèle la position exacte du point de mire par rapport à nous, ne permet guère de douter de la nécessité de ce fait physiologique.

Il peut cependant être mis en plus grande lumière encore par l'expérience de Donders sur les impressions persistantes. Si nous fixons un certain temps une bande verticale lumineuse, croisant une bande horizontale, et que nous conservions ainsi sur nos rétines une croix de couleur complémentaire, quand nous porterons alors les regards vers différents objets, cette croix apparaîtra toujours unique sur le point de mire que nous aurons ainsi fixé quelques secondes, marquant par là la superposition constante, dans l'état physiologique, du centre de la macula avec le centre de l'image de l'objet qui a fixé notre attention.

Il conviendra cependant de mettre, dans son esprit, une différence entre le point de mire de l'attention et l'unité de sensation qui fournit un seul jugement pour deux images. En dehors du point de mire, les objets paraissent simples, quoique leurs images appartiennent à des parties latérales du champ périphérique de la vision. Mais l'attention, passant d'un de ces objets à l'autre, y transporte à l'instant la croisée des images persistantes. Il est évident que c'est en ce point que nous plaçons le point correspondant de notre centre propre de figure à nous-mêmes ; c'est à lui que nous rapportons les notions de haut, de bas, de droite et de gauche des régions de l'espace qui l'entourent.

On s'en assure encore par une expérience inverse.

Répétons l'expérience de M. Donders, en faisant tomber les images de la bande lumineuse destinée à marquer sur le fond des rétines des images persistantes, sur des régions latérales du champ de la vision et des rétines. Il n'y a rien de plus aisé :

on n'a pour cela qu'à viser attentivement, pendant un certain temps, un point fixe à droite ou à gauche, à quelque 20° de distance angulaire, de la bande lumineuse.

Quand on a ainsi obtenu les deux impressions persistantes sur des régions correspondantes des rétines (nous ne disons pas sur des points identiques), on observe alors que quelque soit l'objet que l'on fixe ensuite, l'image persistante fusionnée garde toujours, par rapport à ce point nouveau, la même position relative qu'occupait la bande lumineuse, par rapport au premier objet fixé.

Dans les développements qui vont suivre, nous regarderons donc comme un fait physiologique général, la constante identité de position du centre de la macula lutea, avec le pôle postérieur de l'axe optique, de l'axe de l'attention.

Nous nous sommes longtemps demandé si cette constance de rapports était bien positivement invariable ; en un mot, si le centre de l'attention, le point qui, dans les organes, est en correspondance avec le centre de la perspective, était toujours anatomique et non le fait de l'éducation et de l'habitude.

Quelques faits pathologiques, entre autres certaines observations de strabisme alternatif double, nous avaient, à ce sujet, inspiré de grands soupçons, et nous avouons qu'il nous reste encore sur ce point quelques inquiétudes de physiologiste. Cependant, eu égard à la grande généralité du phénomène que nous avons formulé ci-dessus, considérant, d'ailleurs, ses grandes raisons d'être, au point de vue des rapports qui doivent exister entre le mécanisme musculaire extérieur et les directions rétiniennes, nous ne craindrons pas, dans les discussions qui vont suivre, de le regarder comme bien établi.

Notre illustre confrère, M. Donders, nous a rapporté à cet égard une expérience qui a, pour la solution de ce doute, une valeur non moindre que ses premières observations.

Examinant à l'ophthalmoscope un œil sain et invitant le sujet à *fixer son attention* sur l'image même de la lampe que l'on projette au fond de cet œil, on reconnaît que cette image se peint toujours exactement sur la *macula lutea*.

Pour faire cette observation, il faut, après avoir bien observé la région de la macula par l'éclairage ordinaire, s'éloigner, avec le miroir, en ligne droite, jusqu'au moment où le cône de lumière se réduit, sur la rétine, à l'image même de la lampe.

On peut encore, éclairant l'œil à l'ordinaire, mais modérément, prier le sujet de viser avec attention une petite flamme très-brillante, éloignée, et dont la direction rase la surface de la tête de l'observateur. Si la pupille est très-dilatée, on observe alors que cette image se peint sur la rétine exactement sur la macula.

Pour justifier notre réserve nous invitons le lecteur à porter son attention sur les faits pathologiques signalés dans nos §§ 29 et 82 (Incongruence des rétines), et que nous avons empruntés à M. de Graëfe; M. J. Guérin avait aussi rencontré des faits analogues.

Quoi qu'il en soit, s'il est encore incertain que le point fixe de l'attention, le point de mire central du tableau rétinien, soit bien positivement un point anatomique, il n'est pourtant pas contestable qu'il n'ait, dans chaque œil, son siége constant et invariable. En d'autres termes, les axes optiques de l'attention sont ou ne sont pas déterminés par le centre de la macula (tout porte cependant à faire penser qu'il en est ainsi); mais ils sont toujours constants pour le même œil; ils correspondent assurément à des points *fonctionnellement* identiques.

On ne considérera pas, nous nous en assurons, cette dernière expression comme un rappel de l'ancienne théorie des points identiques avec laquelle elle n'a de commun que l'apparence.

Dans l'ancienne théorie classique, tous les points de la rétine étaient, deux à deux, *anatomiquement* identiques ou correspondants pour créer la sensation d'unité. Dans notre opinion, les points de l'une et de l'autre rétine, sauf la macula, ne *correspondent* que *fonctionnellement* et d'une façon variable (ce qui exclut l'idée de correspondance anatomique ou fixe).

Il ne reste de doute que pour le point de mire, le point central; est-il anatomique, est-il seulement le produit de l'exercice fonctionnel? Telle est la question encore pendante.

Mais pour nos présentes études, la solution est en quelque mesure indifférente; car en chaque cas offert à notre examen, le point de mire, fût-il purement fonctionnel, est doué d'une stabilité telle qu'on peut sans erreur le considérer comme invariable.

Dans la suite de ce travail, nous nous servirons donc indifféremment des expressions, pôle de l'œil, ou macula lutea, sans préjuger la question.

Nous terminerons ce paragraphe par cette autre remarque de fait :

Il résulte des mensurations nombreuses relevées par MM. Helmholtz et Donders, que l'axe principal de l'ellipsoïde auquel appartient la cornée, l'axe de cette surface, ne coïncide pas habituellement avec l'axe optique proprement dit de l'organe. Dans le plus grand nombre des cas, ce dernier axe, l'axe optique proprement dit, est dirigé, de 5 à 6°, en dedans de l'axe cornéal.

Il résulterait de là que le plus ordinairement, et quand des yeux normaux ou emmétropes portent en parallélisme leurs axes optiques ou leurs regards vers l'horizon, les axes cornéaux seraient en divergence relative de 10 à 12°.

M. Donders s'appuie sur ce fait d'observation dans ses belles recherches sur l'étiologie du strabisme; nous y reviendrons en temps et lieu.

§ 12. — Influence de la convergence des axes optiques sur le degré de l'accommodation.

Arrivons à la seconde question, et cherchons à établir la nature et l'étendue des rapports qui rattachent la convergence à l'accommodation et réciproquement. J. Müller (1) et Porterfield admettaient entre les forces qui président à l'exercice de ces deux fonctions une synergie absolue. C'était là

(1) *Manuel de physiologie.*

sans doute une vue de l'esprit, dogmatisant ce fait que la vision binoculaire ne peut s'exercer à une distance donnée, sans que le degré d'accommodation dans chaque œil soit en rapport exact avec cette distance. La question cependant nécessitait une étude plus analytique ; et il convenait de savoir si une convergence donnée, et qui eût exigé, pour procurer la vision exacte, un degré déterminé d'accommodation supérieur au degré le plus élevé de l'adaptation monoculaire, exerçait assez d'empire sur la force accommodative pour en entraîner l'exercice au delà de ses limites monoculaires. Cet objet a donc été soumis à une étude plus complète et plus attentive. Des observations nombreuses ont été recueillies, dans lesquelles on a relevé, pour chaque sujet, l'étendue que l'accommodation pouvait parcourir en deçà et au delà d'une certaine quantité fixe, correspondant à ce degré de convergence. Le procédé était simple : pour chacune des convergences explorées, devant l'œil en essai, ont été successivement placées une série de verres concaves et une série de verres convexes, au moyen desquels était visé le point de mire qui fixait la convergence. Les plus forts des verres convexes qui permettaient la vision nette du point de mire à la distance donnée, procuraient, par un calcul très-simple, la limite éloignée de la vision nette possible sous cette convergence; et inversement, les plus forts des verres concaves, la limite la plus rapprochée de cette même énergie accommodative.

Par cette méthode, MM. Donders, Van Deen et Moleschott ont établi que pour chaque convergence il existe une certaine latitude pour l'accommodation. — M. Donders a reconnu à cet égard les faits suivants : soit un *œil normal ou emmétrope :* l'accommodation monoculaire s'étendra généralement, pour cet œil, de 4 pouces à l'infini. Représentant par A la latitude de l'accommodation ou la force réfringente d'une lentille qui, placée exactement au centre optique de l'œil, reporterait à l'infini l'image virtuelle d'un objet placé à 4 pouces de distance, on aurait :

$$A = \frac{1}{4} - \frac{1}{\infty} = \frac{1}{4} \text{ (1)}.$$

En d'autres termes, la latitude que peut parcourir la force réfringente de l'appareil oculaire, depuis le point le plus éloigné jusqu'au point le plus rapproché, est égale à celle d'une lentille de 4 pouces de foyer.

Or, pour cet œil emmétrope, M. Donders a reconnu que le fait de la convergence agissait en augmentant cette latitude accommodative de 1/24 environ du côté des objets rapprochés, sans rien lui faire perdre du côté de l'horizon. La vision binoculaire qui ne peut s'exercer que jusqu'à 4 pouces, par exemple, arrive donc, sous l'influence de la convergence ou de la vision associée, à avoir des images nettes à 3 pouces et 3/7 par exemple. 2° Le même physiologiste a reconnu, en outre, que depuis cette limite inférieure de la vision binoculaire jusqu'à l'infini, la latitude de l'accommodation possible, en chaque état de la convergence, est renfermée entre des limites qui s'étendent entre deux et trois vingt-quatrièmes. Cette dernière proposition a une grande valeur, elle formule, d'une manière sommaire, l'influence générale de la convergence sur l'accommodation. Elle fait voir que des yeux normaux qui, individuellement, s'exerçant seuls, ont une latitude accommodative qui représente une force réfringente de 6/24 ou de 4 pouces à l'infini, quand ils seront associés pour l'exercice binoculaire, perdront environ les 2/3 de cette puissance accommodative.

Il est vrai qu'en revanche ils gagneront 1/24 en dessous de la limite rapprochée de la vision monoculaire. Ces résultats de l'observation seront importants à consulter dans la suite de notre travail. Nous y ajouterons les modifications que l'état de myopie ou celui d'hypermétropie font éprouver à ces propositions. Dans la myopie, les propositions que nous venons d'énoncer sont encore vraies dans leur expression générale. Seulement la latitude de l'accommodation, toujours à peu près de 6/24, par-

(1) *Des différences individuelles de la réfraction de l'œil*, par H. Dor, de Vevey (1860). Extrait du *Journal de physiologie*, de Brown-Sequard.

tant d'un point plus rapproché, se termine à un point moins éloigné que l'horizon; elle s'étend binoculairement, par exemple, de 2 pouces à 5 pouces et demi, réclamant, au delà de cette distance, l'usage impérieux des verres concaves.

Œil hypermétrope. — Ici s'observe une latitude accommodative, fort grande encore, dans de très-faibles convergences, c'est-à-dire entre l'horizon et 8 pouces, ou entre 0 et 20° de convergence. Mais cette latitude diminue très-rapidement de 20 à 50° ou de 8 pouces à 2 pouces, et encore, dans cet espace, est toujours négative, c'est-à-dire qu'elle réclame absolument les verres convexes. Nous aurons à tenir compte de ces éléments nouveaux lorsque nous devrons préciser les conditions de l'exercice binoculaire des lunettes. Mais ce sujet est pour le moment en dehors de notre plan et les renseignements que nous aurons à demander à ce chapitre devront porter plus particulièrement sur l'influence que la netteté des images, aux divers degrés de convergence, pourra avoir sur les agents de cette convergence.

Nous garderons seulement présente à l'esprit cette conséquence générale : que la latitude de l'accommodation est, comme énergie, à peu près égale chez tous les sujets sains et de même âge; elle a pour mesure la force réfringente d'une lentille de 1/4 ou 6/24; elle diminue avec l'âge du côté des objets rapprochés : c'est la presbytie.

Quant à ses limites, on les trouve rapprochées de l'observateur chez le sujet myope et comprises, moyennement, entre 2 et 5 pouces et demi; chez l'hypermétrope, au contraire, la limite inférieure se rencontre le plus communément vers 8 pouces.

Enfin, comme nous l'avons vu, la convergence extrême rapproche, en général, cette limite de 1/24, et pour chaque degré de convergence moyenne, elle oscille moyennement entre 1/24 en dessus et 1/24 en dessous du point de la convergence.

DEUXIÈME PARTIE

DU STRABISME.

TROISIÈME LEÇON

DU STRABISME CONCOMITANT OU MÉCANIQUE.

§ 13. — Définition du strabisme.

Ces préliminaires établis, nous pouvons nous considérer comme ayant fait un grand pas dans l'étude d'une maladie dont nous n'avons pourtant pas encore parlé, et qui consiste dans une rupture, une discordance quelconques, survenues dans l'équilibre des forces synergiques qui président à l'accomplissement de la vision binoculaire, et qui se traduisent au dehors par une disjonction, une désharmonie des axes optiques. Chacun a nommé le strabisme.

Qu'est-ce donc que le strabisme?

Nous ne préjugerons rien sur sa nature, en appelant ainsi l'impossibilité, objectivement apparente, de réunir les deux axes optiques, principaux ou polaires, en convergence mutuelle sur un point déterminé dans le champ visuel commun.

Voici en quels termes, dans un autre travail, nous avions défini le strabisme (1) :

« Dans les rapports sociaux, nous devrions même dire dans

(1) *Traité de la vision binoculaire.*

les rapports universels de la vie animale, car cette propriété est commune à toutes les espèces armées d'yeux, chaque individu possède la faculté d'apprécier avec une merveilleuse exactitude la direction du regard de tout habitant du globe avec lequel les circonstances le mettent en rapport. Cette faculté universelle et réciproque est notre premier moyen de communication mutuelle, pour le bien comme pour le mal. Elle préside évidemment aux relations des individus ; elle est l'avant-garde, chez nous, de toute démarche ; chez les animaux, de tout geste, de tout acte : l'arrêt chez les animaux chasseurs, la perspicacité diplomatique chez les animaux doués de la faculté syllogistique et de la parole, en sont l'expression la plus élevée et la plus saisissante. Nous la définirons mathématiquement, sans ajouter en rien, du reste, à la notion commune, en disant que tout être qui voit, outre la conscience de la direction de son propre regard, a encore la faculté de se représenter exactement la direction chez autrui de ses axes oculaires, de la normale au centre de la cornée, avec tout autant de précision que s'il était lui-même dans l'œil de son voisin.

La moindre déviation, la plus légère dissociation de l'harmonie des axes oculaires, se décèle à l'instant dans l'appréciation par les étrangers de la direction du regard ; le regard est dit louche, le sujet strabique. »

Cette définition, plus littéraire que réellement exacte, peut suffire cependant pour commencer cette étude ; elle exprime le fait généralement révélé à l'esprit par le mot « strabique ou louche » et qui se traduit par une simple disjonction des axes oculaires.

Nous verrons plus loin, en poursuivant cette étude, que le strabisme comporte une définition plus précise, et que cette définition doit reposer sur la seule considération des rapports qui existent entre l'axe optique d'un œil et les extrémités de l'ouverture palpébrale, ou plutôt orbitaire. En un mot, le terme *strabisme* devra exprimer une déviation de l'axe optique eu égard à son orbite, et non pas seulement par rapport à l'axe optique de l'autre œil.

D'autre part, nous verrons encore, ou du moins nous avons vu au § 11, que l'axe de la cornée ne correspondait pas, physiologiquement, de façon exacte avec l'axe optique ; que cet axe (celui de la cornée) était généralement dirigé en dehors de l'axe optique. Il est donc le plus souvent impossible de conclure aussi assurément que l'on croit, à la direction du regard par la direction de la cornée.

Quoi qu'il en soit, nous en tenant, pour le moment, à la définition ancienne, le défaut d'harmonie du regard ou la disjonction des deux axes oculaires apparents, réveillera forcément en nous l'idée d'une discordance supérieure existant dans quelqu'un des groupes de forces qui concourent à la vision. Pour le pathologiste, cette apparence vicieuse se présentera comme le symptôme, soit d'un trouble de l'innervation inégalement répartie entre les différents muscles, soit d'une altération survenue dans le tissu de ces muscles ; soit d'un obstacle matériel entravant les mouvements du globe ; soit enfin de quelque anomalie dans l'appareil optique, ou un défaut de rapport entre cet appareil et les forces extérieures.

Nous verrons plus tard quelle part doit être faite à chacun de ces éléments dans la production de la difformité qui nous occupe ; car la règle de conduite à tenir, dans chaque cas, dépendra, comme on le comprend, de la cause ou du point de départ auquel on doit rapporter le symptôme. Pour le moment, une vue juste du sujet nous semble consister à commencer cette étude par l'observation pure et simple de la maladie, comme d'un objet d'histoire naturelle. Cette méthode aura l'avantage de nous préserver des erreurs *à priori*.

§ **14**. — Du strabisme concomitant, permanent, mécanique, actif. — Ses caractères symptomatiques et différentiels.

On observe, dans la pratique, plusieurs espèces ou plusieurs formes de strabisme ; commençons par décrire la plus commune :

Un malade se présente à nous, et au premier coup d'œil jeté sur lui, le médecin, et aussi bien que lui un homme étranger à l'art, reconnaissent que ce sujet *louche :* ses axes optiques, pour tout observateur, sont en discordance, en désaccord. Venez-vous à présenter à ce sujet, dans le plan vertical médian un objet quelconque de moyenne dimension à considérer, vous remarquez alors que pendant que l'un des yeux est fixé très-directement sur l'objet, l'axe optique de l'autre œil, également fixe, se dirige manifestement d'un certain nombre de degrés en dedans ou en dehors du point visé. En outre, l'objet paraît simple. Vous couvrez alors avec la main l'œil sain, mais de façon pourtant, tout en lui interceptant la vue de l'objet présenté à son attention, à ne point perdre vous-même de vue les mouvements qu'il pourrait bien exécuter. Vous reconnaissez alors qu'au moment de l'interposition de la main, l'œil qui précédemment dardait son axe optique, en dedans ou au delà de l'objet, se redresse pour se fixer sur lui. En même temps, l'œil auquel cet objet est subitement voilé prend passivement une position nouvelle, et vous remarquez que, dans cette position, son axe optique fait justement avec la position de l'objet le même angle, et dans le même sens, que faisait précédemment avec ledit objet, l'axe de l'œil strabique. Ce mouvement de l'œil sain, pendant le redressement de l'œil malade, a été appelé *déviation secondaire;* cette déviation est, d'après ce que nous venons de dire, généralement égale à celle qu'offrait l'œil strabique, et qui porte le nom de déviation primitive. Cette égalité disparaît pourtant dans une circonstance; à savoir lorsque l'objet présenté à l'attention est porté dans les parties tout à fait latérales du champ visuel, du côté du muscle relativement allongé ou insuffisant. Dans ce cas, eu égard à des considérations qui ne seront comprises que lorsque nous aurons étudié les paralysies musculaires, cette déviation secondaire est plus étendue que la déviation primitive.

Un troisième point à considérer dans cette observation sera le suivant : Si l'on couvre alternativement l'un des yeux, de façon à explorer l'étendue de la mobilité du globe dans l'acte monoculaire, on constate que cette mobilité n'est pour ainsi dire pas diminuée, même dans l'œil malade. Le mouvement de totalité de la pupille dans les deux sens a, à peu de chose près, la même étendue ; seulement l'arc parcouru n'a plus un point médian normal. La cornée n'atteint point l'un des angles orbitaires, et pénètre au contraire trop profondément dans l'autre.

Il semble, ajoute M. de Graëfe (1), auquel nous devons cette description, que les mouvements se soient déplacés d'un certain angle, dans le sens du muscle le plus court. Mais cet angle est fort petit comparativement à celui du strabisme ; de sorte qu'on ne remarque pas d'anomalie de mobilité pour un œil affecté de strabisme léger, et qu'il faut un examen attentif pour découvrir l'altération, quand le strabisme est plus prononcé. De telle sorte qu'il n'est pas rare, même dans des cas de strabisme marqué, de trouver dans l'œil affecté une mobilité égale, dans son ensemble, à celle dont jouit l'œil sain. Une conséquence de ces deux propositions, l'égalité de la déviation secondaire avec la déviation primitive, et l'égalité des quantités de mouvement dont jouissent les deux globes, c'est que : l'œil strabique suit complétement les mouvements associés de l'œil sain ; sauf pourtant avec cette dérogation à la loi harmonique de la vision binoculaire, qu'à l'axe optique polaire de l'œil sain correspond constamment un certain axe secondaire, toujours le même, de l'œil affecté de strabisme. Dans la mesure de ces divers angles, il ne faudra pas pourtant vouloir, dit M. de Graëfe, une exactitude trop rigoureuse ; il est impossible d'y éviter de légères variations dépendant de l'instabilité de la position de l'œil strabique : lorsque la vue s'exerce incomplétement, et c'est ici le cas presque constant, l'œil ne peut pas garder une direction bien déterminée.

A cette symptomatologie, on reconnaîtra une variété de la difformité qui a reçu en Allemagne le nom de *strabisme concomitant*, que l'on connaissait en France sans l'avoir aussi exactement analysée, sous celui de strabisme mécanique actif.

(1) *Archiv fur ophthalmologie.*

§ 15. — Des variétés du strabisme ; du strabisme double; du strabisme alternant.

Le strabisme, comme symptôme, révélant une anomalie survenue dans la direction de l'axe du globe, peut évidemment affecter toutes les directions que cet axe peut normalement prendre. Il peut donc être convergent ou divergent; supérieur ou inférieur; il peut encore adopter les directions obliques ou intermédiaires aux points cardinaux du regard. Il peut être fixe ou mobile; ce dernier caractère est celui qu'il affecte le plus communément. La fixité d'un œil exprimera ou sa paralysie absolue au point de vue du mouvement, ou s'il n'y a pas paralysie des muscles, celle de la rétine. Dans ce dernier cas, étant incapable d'éprouver une sollicitation de la part de la lumière, il n'est pas incité à se redresser quand l'œil sain est subitement couvert.

M. Jules Guérin a décrit, sous le nom d'ankylose de l'œil, des strabismes rendus absolument fixes par la rétraction de tous ou de presque tous les muscles à la fois. D'après les développements qui vont suivre, on devra reconnaître que ces cas sont nécessairement rares.

L'un des caractères du strabisme mécanique ou concomitant est, comme nous l'avons vu, que l'œil affecté se redresse pour viser l'objet, quand on recouvre l'œil sain.

Mais il arrive parfois que le même phénomène se manifeste sans que l'on ait couvert l'œil sain : dans ces cas, l'œil dévié et l'œil sain changent subitement de rôle. La difformité, a dit M. J. Guérin, semble voyager d'un œil à l'autre.

Cette particularité est intéressante et doit être mise à profit. Elle se fonde sur un besoin égal, ou une possibilité égale, dans les deux yeux, de la vision nette. Au point de vue de la réparation après l'opération, il est très-heureux d'avoir ainsi à sa disposition le secours des éléments les plus parfaits de la vision binoculaire. Cette condition d'alternance doit donc être avec soin conservée jusqu'au moment où l'opération pourra être pratiquée.

Il est un point que nous devons recommander ici à l'attention des ophthalmologistes. On n'est pas fixé encore, à notre connaissance du moins, sur la question de savoir si, dans ces cas-ci, la vision s'exerce quelquefois binoculairement. Nous avons bien cru observer, un certain jour, cette correspondance du regard associé s'exerçant par le concours d'un axe polaire d'un côté avec un axe secondaire de l'autre. Mais à mesure que l'époque de cette observation s'éloigne de nous, notre conviction d'avoir bien observé s'efface, malgré quelques observations analogues de M. de Graëfe; et il serait pourtant intéressant d'être physiologiquement édifié sur ce point.

Le strabisme est permanent on intermittent : cette dernière variété sera l'objet d'un chapitre à part. Elle forme, dans le plus grand nombre des cas, la première période de strabisme permanent ou continu.

Le strabisme est acquis ou congénital. Cette seconde variété est pourtant relativement rare. Les auteurs ont varié à cet égard, sans doute à raison de la difficulté de se procurer des renseignements exacts et dignes de confiance et de cette circonstance, qu'il se déclare le plus souvent dans l'enfance. Par les statistiques récentes il est établi qu'il n'est que rarement congénital. La suite de ce chapitre justifiera cette proposition.

Le strabisme peut encore être ou simple ou double.

Pour préciser l'existence de ce caractère, il ne suffira pas d'interroger les apparences. Presque constamment, en effet, la déviation d'un œil entraîne, sympathiquement ou autrement, une déviation légère de l'autre dans le même sens ; cela est si vrai que dans nombre de cas on ne sait, au premier abord, si l'on a affaire à un strabisme monoculaire, ou des deux yeux.

Le doute ne se tranchera que par l'étude de la mobilité. Dans tout œil strabique, l'axe de mobilité est *déplacé;* son point central est porté en dedans ou en dehors. C'est là ce qui devra être étudié et mesuré si l'on a des doutes. C'est sur la constatation de ce seul caractère, l'altération de la mobilité, le déplacement du milieu de l'arc parcouru, que l'on pourra distinguer un strabisme simple d'un strabisme double, et c'est ce point de fait qui nous avait fait dire, en commençant, que le terme strabisme pouvait et devait même se considérer dans un seul œil, dans les rapports normaux ou anormaux de son axe optique avec celui de l'orbite.

§ **16**. — Le strabisme est le plus souvent double, c'est-à-dire que l'œil sain a presque toujours éprouvé une déviation plus ou moins marquée dans le même sens que l'œil franchement strabique.

La question de savoir, si le strabisme peut être absolument unilatéral, a souvent été un objet de discussions. La raison en est simple ; il est si rare qu'un strabisme unilatéral n'entraîne pas consécutivement, sympathiquement une déviation de même sens de l'œil sain, que M. J. Guérin avait cru pouvoir établir cette proposition comme une loi absolue (1).

Cet effet est souvent une pure manifestation sympathique : on en voit la preuve dans la marche inverse que suit le rapport angulaire des axes optiques après la strabotomie. Une déviation légère de l'œil sain qui s'observe encore pendant quelque temps après le redressement de l'œil opéré, finit souvent par disparaître spontanément au bout d'un certain nombre de mois. Le processus curatif doit être ici le même que celui qui avait amené l'état inverse pendant la période de génération du strabisme.

Quant au mécanisme même suivant lequel s'accomplit ce mouvement anormal de l'œil sain, il n'est pas, nous l'avouerons, des plus clairs : M. J. Guérin en avait autrefois donné une explication. Nous en avons reproduit le sens, au moins approché, au § 176 de notre *Traité de la vision binoculaire*, sans cependant être complétement édifié sur la valeur de l'argumentation du savant chirurgien. Comme ce point intéresse sérieusement la physiologie pathologique de la question en suspens, dans la crainte d'être un insuffisant interprète, nous croyons devoir citer ici textuellement M. Guérin.

(1) *Gaz. méd. de Paris*, 1843, p. 218.

« Montrons maintenant comment la confusion physiologique qui existe entre les muscles des deux yeux, se continuant à l'état pathologique, rend un compte satisfaisant de la succession des phénomènes que nous venons d'exposer. Nous supposons toujours un strabisme convergent de l'œil gauche par rétraction du droit interne. Cette rétraction ne peut avoir lieu sans provoquer sympathiquement la contraction du droit externe de l'œil droit, dans une étendue relative au degré de raccourcissement du droit interne de l'œil gauche; mais comme cette contraction du droit externe, emportant l'œil droit dans une divergence égale à la convergence de l'œil opposé, rendrait impossible l'exercice de la vision, à l'instant le muscle antagoniste, le droit interne, fait effort pour ramener et maintenir l'œil dans la rectitude. Voilà donc les muscles droit externe et droit interne de l'œil droit en lutte perpétuelle, et tous les deux contractés en vertu de deux nécessités fonctionnelles différentes, l'un pour entraîner l'œil en dehors, l'autre pour le maintenir dans la rectitude ; et, en effet, la déviation n'a pas lieu, au moins d'une manière appréciable. Cette circonstance pourrait faire penser que les deux actions musculaires sont rigoureusement contemporaines et égales en force comme elles le sont en étendue. A s'en tenir aux apparences extérieures, il en serait ainsi ; mais dans la réalité et en consultant la hiérarchie des phénomènes, ces actions musculaires ont lieu successivement ; celle du droit interne est postérieure à celle du droit externe ; par cela même, elle ne doit pas seulement la balancer, mais la vaincre et lui rester supérieure. En d'autres termes, l'*effort dynamique* du droit interne est nécessairement plus considérable que celui du droit externe ; car une fois dévié en dehors, l'œil resterait dans cette position sous l'influence de deux forces musculaires qui se balanceraient. Nous l'avons dit, cet excès d'action produit, à la longue, un excès de force et de développement, lequel suffit ensuite pour entraîner l'œil du côté correspondant comme le ferait un certain degré de paralysie du droit externe. La conséquence définitive de la lutte que l'existence d'un strabisme convergent de l'œil gauche institue entre les muscles droit interne et droit externe de l'œil droit, doit donc être la formation d'un strabisme convergent de ce côté, c'est-à-dire dans le même sens que le premier. »

M. J. Guérin ajoute :

« Mais à cette cause s'en ajoute une autre non moins efficace et dérivant du même principe. Tout œil affecté de strabisme musculaire primitif, à moins qu'il ne soit frappé de cécité complète, exécute souvent, pour l'exercice de la vision, des tentatives de redressement. Ce redressement, plus ou moins complet, ne peut avoir lieu sans provoquer un mouvement de l'autre œil en sens opposé, et, par conséquent, des contractions répétées du muscle qui préside à ce mouvement. Or, ces contractions, non-seulement développent l'énergie du muscle, comme dans le cas précédent, mais encore entraînent chaque fois un véritable raccourcissement actif des fibres musculaires, lequel, à force de se répéter, finit par devenir permanent, et maintient l'œil dévié de son côté, c'est-à-dire dans le sens du strabisme de l'œil primitivement malade (1). »

Nous avons à dessein marqué dans cette citation deux argumentations distinctes. La première, nous la soumettons telle quelle au lecteur, avouant que nous ne pouvons nous l'assimiler avec une complète satisfaction d'esprit. Elle ne nous dit rien de plus que le mot vague de sympathie ou de consensus musculaires, que nous avions premièrement employé.

Peut-être révélera-t-elle quelque chose de plus à des esprits plus pénétrants. Le sujet est obscur et délicat et nous comprenons que le pied n'y soit pas sûr.

Quant à la seconde proposition tendant au même but, nous l'admettons et nous la repoussons en même temps. Nous l'acceptons, en effet, en principe; mais en lui donnant une application définie qui ne lui permet pas d'occuper la place que lui a assignée M. J. Guérin. Ce mécanisme bien décrit par lui, n'est pas celui du strabisme mécanique confirmé ou actif.

(1) *Gaz. méd. de Paris*, 1843, p. 218.

C'est, comme on le verra un peu plus loin, le mécanisme même de la production du strabisme concomitant dans l'œil sain, lors de l'exercice de l'autre œil frappé de paralysie musculaire. Dans cette dernière circonstance, sous l'empire d'une inégale distribution d'influx nerveux, la déviation secondaire, dans l'œil sain, surpasse la déviation primitive ou de l'œil malade ; alors s'observent les conditions très-bien décrites par M. Guérin. Mais ce processus ne se rencontre que dans le strabisme par paralysie, par inégalité nerveuse, et non dans le strabisme purement mécanique auquel l'applique M. Guérin. Dans ce strabisme, en effet, M. Guérin l'a excellemment établi lui-même, la déviation secondaire est égale à celle de l'œil sain (1). Il était réservé à M. de Graëfe, ainsi que nous le verrons un peu plus loin, de mettre cette loi en un relief éclatant en l'opposant au rapport de la déviation secondaire avec la déviation primitive dans la paralysie.

En résumé, nous conclurons que le strabisme double consécutif reconnaîtra pour cause, 1° une origine paralytique déterminant, dans l'œil sain, une déviation secondaire qui se change en strabisme concomitant plus ou moins prononcé (voir à cet égard les §§ 18, 51 et 79) ; 2° la sympathie ou consensus musculaire dans les cas qui ne peuvent être rattachés à cette origine.

Le vague que renferme encore cette dernière détermination recevra, nous l'espérons, quelques lumières de l'analyse de la synergie musculaire, mise en jeu dans le passage du strabisme intermittent ou périodique au degré de strabisme concomitant ou permanent. (Voir les §§ 25, 26 et 27.)

§ **17.** — **Comment doit-on considérer le strabisme concomitant ou mécanique ; quelle est sa signification séméiologique ? — Cette affection ne peut être que le symptôme d'une disproportion constante entre la longueur moyenne des muscles.**

Après avoir lu cette description symptomatologique et médité sur sa signification, de quelle manière devrons-nous ca-

(1) *Gaz. méd. de Paris*, 1841, p. 213.

ractériser le strabisme concomitant pur? quelle nature de maladie représentera-t-il à nos yeux?

Devrons-nous, dit excellemment M. de Graëfe, à qui nous emprunterons encore les judicieuses considérations qui vont suivre, devrons-nous admettre une diminution de l'influx nerveux dans le muscle allongé, ou une excitation anormale dans celui qui s'est contracté plus que de raison?

La persistance des mouvements, la conservation de la même étendue dans la mobilité, constituent une différence notable entre le strabisme concomitant et la paralysie. Cette dernière s'accompagne toujours d'une certaine diminution de la mobilité; et, bien que cette diminution ait également lieu aussi, *dans un sens,* dans le cas de strabisme concomitant, la somme des mouvements y est cependant demeurée la même, ce qui n'a pas lieu dans les paralysies. On peut, en effet, admettre sans erreur sensible, que dans le strabisme permanent la mobilité augmente, du côté du muscle raccourci, de la quantité qu'elle a perdue du côté du muscle qui s'est allongé.

Il en est tout autrement lorsqu'il existe un obstacle à l'influx nerveux d'un côté; alors, en effet, on doit s'attendre à une différence d'espace parcouru à droite et à gauche, quand les forces motrices reçoivent, pour le regard associé, une égale impulsion de l'organe central. C'est ce que l'on observe constamment dans les paralysies des muscles. Ainsi, supposons un cas de paralysie très-léger du muscle droit externe : la mobilité, en dehors de l'œil affecté, n'es tque peu diminuée; l'affection se révèle cependant dans les mouvements associés. Le droit externe se contracte moins énergiquement que le droit interne, il en résulte une convergence pathologique, et en outre de la diplopie (mais il n'est pas encore question de ce symptôme et de sa signification); ces phénomènes se prononcent davantage à mesure que le défaut d'innervation devient plus marqué par une position plus externe de l'objet à viser.

En somme, dès que le strabisme devient appréciable, dans un cas de paralysie, non-seulement les mouvements ne sont plus associés, l'œil malade ne suit plus les mouvements de l'œil sain, mais encore la mobilité de cet œil *a sensiblement diminué d'étendue.*

Or, nous savons qu'il en est tout autrement dans le strabisme concomitant.

Une autre considération encore vient à l'appui de ces différences. Dans les paralysies, la déviation secondaire (nous démontrerons ce fait plus loin) est toujours plus grande que la déviation primitive, et on peut ajouter, même, que la comparaison des degrés de déviation exprimerait très-exactement le rapport de la diminution de l'innervation du côté paralysé.

L'égalité de la déviation secondaire et de la déviation primitive dans le strabisme concomitant type démontre qu'il n'y a pas de différence dans l'innervation des muscles associés des deux yeux.

Ce que nous venons de dire d'un obstacle à l'innervation, pour le muscle allongé, s'applique aussi, *mutatis mutandis*, à l'absence d'une excitation nerveuse anormale pour le muscle raccourci, et ces doubles considérations doivent dégager complétement à nos yeux le strabisme concomitant de tout soupçon d'une altération actuelle de l'innervation.

« Cette affection, selon moi, ajoute l'illustre chef de l'école de Berlin, ne peut donc être considérée que *comme une disproportion constante entre la longueur moyenne des muscles.* »

« Peu importe, quant à la valeur des symptômes, que cette inégalité résulte d'une insertion anormale des tendons ou de modifications dans la structure des muscles. Dans le premier cas, ce sera le changement des rapports entre la force et la résistance qui produira une modification de la longueur du muscle; dans le second, le tissu musculaire altéré réagira avec une tension anormale contre l'impulsion nerveuse restée la même. Ce qui démontre le mieux que ces deux états sont équivalents, quant à l'explication du symptôme, c'est que nous guérissons le strabisme dépendant de l'un d'eux en déterminant l'autre, ainsi qu'il arrive quand nous cherchons à compenser au moyen d'une nouvelle insertion du muscle, ce que nous n'avons pas pu obtenir par des modifications du tissu musculaire (1). »

§ 18. — Comment un trouble primitif de l'innervation peut consécutivement produire une disproportion permanente dans le balancement musculaire.

Si le strabisme concomitant caractérise et révèle simplement une disproportion congénitale, ou plus tardivement apparue, entre la longueur moyenne des muscles, toutes les causes supérieures de nature à amener ces disproportions seront des causes éloignées du strabisme.

Au premier rang, au point de vue mécanique, nous devrons placer les affections convulsives, spasmodiques, à la suite desquelles on voit se produire des contractures, des rétractions d'un ou de plusieurs muscles. Ceux des yeux en seraient-ils exempts ?

L'influence de cette origine a été brillamment exposée dans les travaux remarquables de M. J. Guérin (2). Ce savant a suivi dans tous ses degrés la manifestation contracture ou rétraction ; il n'y a rien à ajouter, de ce côté-là, à cette étude. Nous y renvoyons le lecteur.

Presque aussi nettement, la cause inverse, la paralysie, conduirait au même résultat. La diminution de l'innervation, et conséquemment de la force d'un muscle, crée, *ipso facto*, l'excès de pouvoir et d'action du muscle antagoniste. Prolongez, par la pensée, la durée d'une paralysie ; supposez que la nutrition du muscle s'exerce plus ou moins longtemps dans cet état de disproportion de longueur, et vous aurez devant les yeux le mécanisme bien simple d'une inégalité durable et permanente qui succède à une disproportion primitivement dynamique.

Voilà un mécanisme assurément facile à comprendre, et qui doit avoir sa place dans le cadre pathogénique de la difformité.

(1) *Ann. d'oculistique*, février 1862. — *Archiv für ophthalmologie*, t. II, 1re partie.

(2) *Gaz. méd. de Paris*, 1842.

Mais la paralysie peut amener aussi le strabisme d'une autre sorte ; elle peut le créer, et d'une façon très-marquée, dans l'œil qui n'est pas affecté de paralysie, dans l'œil sain.

C'est ici que doit prendre place la belle théorie de M. de Graëfe qui fait, dans ces circonstances, dériver le strabisme concomitant de l'inégalité de la déviation secondaire de l'œil sain avec celle de l'œil malade, quand ce dernier tend à se redresser pour s'exercer. C'est le mécanisme qu'avait saisi M. J. Guérin, et que nous avons rappelé au § 16, mais qu'il appliquait, nous a-t-il paru, par confusion, au strabisme permanent.

Quand l'œil malade, l'œil frappé de paralysie légère, dit M. de Graëfe, tend à se redresser pour viser seul un objet, par suite d'une plus grande acuïté de portée de sa vue, l'influx nerveux qu'il reçoit dépasse la mesure normale. C'est la conséquence même de la paralysie ; mais, par suite de la synergie préalable, l'œil sain reçoit la même somme d'influx (loi des mouvements associés) ; or, comme il est intact, celui-là, il fait un chemin plus grand que l'œil malade. Si ce jeu-là se répète, la nutrition trouve à s'exercer plus ou moins longtemps dans ces états inégaux, et une inégalité durable et fixe de longueur succède, dans l'œil sain, à une égalité primitive dans les longueurs musculaires : d'où strabisme permanent.

Telles sont les sources que l'esprit entrevoit le plus aisément, et auxquelles il peut rattacher la production de ces disproportions consécutives de longueur musculaire. Car il n'était venu à l'idée de personne, avant les travaux qui feront l'objet du chapitre suivant, de supposer au strabisme pour origine une disproportion première, congénitale des muscles, une sorte d'arrêt de développement relatif.

Aussi était-ce dans l'innervation que chacun était allé chercher le point de départ de ces disproportions. C'était logique, mais l'induction avait, dans ce raisonnement, une part proportionnelle exagérée.

Le rôle des muscles, rôle quasi initial, remplaçant l'idée de Buffon, cela a été un progrès énorme dû à la première époque des études sérieuses sur le strabisme. Mais ce progrès a été, depuis, suivi d'autres pas en avant, et l'idée qui rattachait toutes les inégalités musculaires, ou le plus grand nombre de ces disproportions, à un trouble de l'innervation, doit, à son tour, être non pas abandonnée, mais réduite à de justes proportions.

L'étude nouvelle qui va faire l'objet du chapitre suivant justifiera cet aperçu sommaire.

Nous verrons qu'au lieu de tenir, au point de vue des chiffres, la plus grande place, les troubles de l'innervation jouent, comme cause première du strabisme, un rôle relativement restreint. Mais n'anticipons pas, et attaquons cette mine nouvelle que nous ont ouverte les savantes études des écoles de Berlin et d'Utrecht.

QUATRIÈME LEÇON

DU STRABISME INTERMITTENT OU PÉRIODIQUE.

§ 19. — Du strabisme intermittent ou périodique divergent, ou par insuffisance des muscles droits internes.

Nous avons décrit, dans le § 14, les apparences et la symptomatologie du strabisme proprement dit et confirmé, et que nous avons distingué sous les noms de strabisme concomitant ou mécanique. C'est, en effet, sous cette forme, que cette difformité se présente le plus habituellement, et ce n'est que dans des circonstances particulières qu'il est permis de l'étudier à son début. Dans la première période, quand il est donné au médecin d'en suivre les phases, il ne présente point tout d'abord ces caractères de fixité. Mettant de côté, pour un moment, l'origine paralysie, qui est assez fréquemment une de ses causes, nous allons nous occuper aujourd'hui d'une forme particulière de cette affection, qui joue le plus souvent le rôle d'une première période pour le strabisme permanent, mais dont la durée est cependant assez longue pour qu'on soit en position de l'observer comme une affection spéciale et bien définie. Ainsi donc, tout en annonçant que le strabisme intermittent, intercurrent ou périodique n'est généralement qu'une première étape conduisant au strabisme permanent, nous l'étudierons ici dans sa symptomatologie et dans ses origines, comme une variété bien caractérisée.

Sous le titre de strabisme divergent, intercurrent ou périodique, ou *par insuffisance des muscles droits internes*, M. de Graëfe décrit une dissociation du regard observée dans les circonstances et les conditions mécaniques que voici :

L'œil des myopes, on le sait, par le fait du rapprochement plus ou moins considérable de la limite éloignée du champ de la vision, voit se rapprocher également de lui le *punctum proximum* de ce même champ de vision; son accommodation, en conservant la même latitude, qui est le partage de l'œil normal, s'est transportée entre des limites plus rapprochées de l'œil du sujet. Ce transport du champ de la vision exige, par voie de conséquence, pour l'exercice du regard associé, ou de la vision binoculaire, une convergence beaucoup plus grande que dans l'état normal, et, comme moyen d'amener cette convergence, un déploiement d'énergie et plus soutenue et plus considérable dans le jeu des muscles droits internes. La vision des objets de petite dimension par le myope, amènera donc une fatigue plus ou moins supportable, en proportion de la vitalité, de la puissance originelle des agents de la convergence, c'est-à-dire des muscles droits internes.

Cette énergie en excès existe toujours, dit M. de Graëfe, dans le cas de myopie relativement normale ; elle se décèle déjà par une diminution de l'étendue du mésoroptre, qui pourrait en imposer, à un examen superficiel, pour un léger strabisme convergent. Mais il arrive souvent qu'au lieu d'être en excès, cette énergie soit à peine suffisante; il est des yeux pour lesquels la fixation binoculaire devient impossible au delà de quelques instants, pour une distance de quelques pouces. Quand on persiste, l'œil se fatigue; à la longue surviennent de vives douleurs dans les rameaux sus-orbitaires du nerf de la cinquième paire, et du larmoiement qui obligent à cesser toute tentative.

Ce trouble de la vision, que détermine chez les myopes une légère diminution des muscles droits internes, se manifeste aussi chez ceux dont les yeux ont leur réfringence normale, si l'énergie musculaire est relativement affaiblie. Le trouble visuel qui survient chez les myopes, pour de petites distances, existera, dans ces cas, pour une distance visuelle de 6, 8 à 10 ou 12 pouces.

En face de cette fatigue, qu'arrive-t-il? Ou de l'asthénopie douloureuse, suspension de tout travail, ou bien, si le sujet persiste, on notera les phénomènes suivants : quand la fixation aura duré quelque temps, l'un des yeux déviera en dehors: ce qui aura pour résultat, ajoute M. de Graëfe, la perception d'images doubles croisées, permanentes ou temporaires. Bientôt cette déviation en dehors, qui n'avait lieu primitivement que dans les fortes convergences, se présente encore pour celles qui correspondent aux objets éloignés, et le strabisme divergent se manifeste pour toutes les distances, cessant d'abord lors du regard indifférent, pour ne se manifester que dans le regard attentif, mais finissant par devenir permanent.

Nous reviendrons un peu plus loin sur les indications de thérapeutique ou d'hygiène que commande ce sujet; ne perdons pas de vue, pour le moment, le côté pathogénique de cette importante question.

§ 20. — Du strabisme intermittent convergent, dans l'hypermétropie.

Si, pour M. de Graëfe, il est un strabisme intermittent ou périodique et divergent par insuffisance des muscles droits internes, nous avons entendu au Congrès ophthalmologique de 1862, un savant non moins autorisé, développer le tableau pathogénique d'une autre espèce de strabisme intercurrent périodique, mais se liant, celui-là, à la vision des objets éloignés et se rapportant, non plus à la myopie, mais à l'anomalie opposée, à l'hypermétropie. En outre, ce genre de strabisme, au lieu de se manifester dans le sens de la divergence, présente au contraire, dans l'exposition de M. Donders, les caractères de la convergence. Pour expliquer le mécanisme de ces deux genres opposés de déviation, l'une se rattachant à la myopie, l'autre à l'hypermétropie, l'illustre professeur d'Utrecht entre dans les développements suivants.

Après avoir décrit l'hypermétropie, M. Donders s'exprime ainsi :

« En étudiant, au point de vue clinique, l'état de la réfraction chez les différents sujets, on reconnaît que cette maladie (l'hypermétropie) est extrêmement fréquente. Nos statistiques nous la montrent comme beaucoup plus répandue que la myopie elle-même. Mais cette même étude clinique nous a révélé sur son compte des circonstances encore plus dignes d'attention ; c'est qu'elle est la mère, la cause productrice de deux maladies jusqu'ici mal connues, à savoir : l'asthénopie et le strabisme convergent.

« L'asthénopie ordinaire, l'*hebetudo visûs*, dépend en effet de l'hypermétropie. Dans les cas extrêmes et exceptionnels, on rencontre, en outre, l'asthénopie musculaire, dont une voix savante et qui nous est chère, nous a si brillamment entretenus hier. Or, d'après nos recherches statistiques, sur 20 cas d'asthénopie, nous trouvons 19 hypermétropes. Il est difficile, d'après cela, de ne pas voir dans l'hypermétropie, état matériel, anatomique, la cause de l'asthénopie, désordre fonctionnel.

« Des considérations, que nous allons développer tout à l'heure, nous ont conduit à penser que le strabisme convergent devait se rattacher aussi plus ou moins directement à ces dix-neuf cas. La nécessité d'une statistique établie avec soin s'imposait d'elle-même. M. le docteur Hoffmann nous a aidé à l'établir. Nous avons analysé ensemble 280 cas ; on y a déterminé toutes les conditions anatomiques, optiques et mécaniques ; l'étendue et les limites du mouvement de chaque œil ont été mesurées et précisées séparément. Ainsi a-t-il été fait de la latitude de l'accommodation, de l'acuïté de la vision ; l'âge et l'époque du début, les conditions présentées par le sujet, les complications, les traitements précédents, l'hérédité, ont été notés avec soin. On a trouvé de la sorte que, sur 100 cas de strabisme *convergent*, il y avait 77 fois *hypermétropie ;* et de la même manière a-t-on pu noter également que dans le cas de strabisme *divergent*, la *myopie* s'observait 2 fois sur 3 ou 66 fois sur 100. Le rapprochement de ces résultats nous autorise certainement à penser que les anomalies de réfraction sont les premières et les plus positives causes de strabisme convergent ou divergent.

« Quant aux autres causes, on a dû les attribuer : 1° aux paralysies et aux autres lésions primitives de l'innervation.

Pour peu que la paralysie ait duré un certain temps, un muscle peut s'être nourri en état d'allongement ou de raccourcissement relatifs, et conserver conséquemment cet état après la guérison.

« On rencontre aussi les taies de la cornée, qui semblent avoir déterminé le strabisme ; on a vu là une condition matérielle qui provoquait un changement dans l'axe de la vision. Nous ne partageons pas cette opinion ; nous voyons là les suites d'une inflammation de la cornée s'étendant, par contiguïté, jusqu'aux muscles ; mais, dans la plupart des cas, les taies de la cornée ont été des conditions qui favorisent l'origine du strabisme dans les cas d'hypermétropie.

« Quant aux autres cas, comme nous le disions, ils appartiennent presque tous à l'hypermétropie.

« On peut nous demander maintenant quelle relation de mécanisme peut exister entre l'hypermétropie et son effet consécutif, le strabisme. Cela exige, en effet, explication.

«Quand un emmétrope regarde au loin, les axes de la cornée, qu'on est habitué à considérer, dans ce cas, comme parallèles, ne le sont point du tout. Ils présentent très-manifestement une divergence de 9' à 10° ; ainsi, dans les cas ordinaires, la ligne visuelle ou la ligne qui joint le centre optique, ou le second point nodal, au centre de la tache jaune, fait avec l'axe de la cornée un angle de 4' à 5°, ce dernier *en dehors*. C'est un fait qui a été établi de façon non douteuse par MM. Senff, Knapp et Helmholtz. Tel est l'état physiologique.

« Il n'en est plus ainsi chez les myopes et les hypermétropes. C'est chez le myope que cet angle est le plus petit. Il y a même, dans quelques cas, coïncidence chez lui de la ligne visuelle et de l'axe de la cornée. Dans les hauts degrés de myopie, c'est l'axe de la cornée qui est en dedans. On en trouve aisément la cause dans la distension subie par les membranes profondes, distension connue sous le nom de staphylôme postérieur. Le déplacement du nerf optique et de la tache jaune ayant lieu de dehors en dedans, la ligne visuelle peut être par là amenée à coïncider avec l'axe de la cornée, et même à le dépasser. Il suit de là que pendant le regard vers les objets éloignés, le myope doit présenter l'apparence du strabisme convergent.

« Par suite de conditions inverses, l'hypermétrope, au contraire, offrira l'apparence du strabisme divergent.

« Or, nous disions à l'instant que l'hypermétropie étaitl a cause du strabisme convergent. Il y a là une contradiction apparente qu'il importe de lever.

« Ainsi, dans le regard indifférent vers les objets éloignés, quand il ne fait aucun effort, l'hypermétrope présenterait à un regard attentif un état de strabisme apparent divergent. Mais voilà qu'il veut accommoder pour y voir plus distinctement; comme l'accommodation se lie, dans de certaines limites, à la convergence, cet état de strabisme divergent devra diminuer d'autant. Nous ne voulons pas dire que l'accommodation se mesure exactement par la convergence, ou celle-ci par l'accommodation; mais il existe néanmoins une liaison entre elles et un certain degré de dépendance (§ 12). On peut s'en faire une idée en concevant que pour les degrés légers de convergence, l'accommodation entrave le jeu pour le tiers ou la moitié de son pouvoir total. L'hypermétrope, chez lequel ce pouvoir accommodatif est plus ou moins en déficit, peut venir en aide à cette action défectueuse au moyen de la convergence.

« D'après cela, tous les hypermétropes seraient enclins à converger; ce qui n'a pas lieu pourtant.

« Et pourquoi cela n'a-t-il pas lieu le plus souvent? c'est qu'il y a encore une cause dont il faut tenir compte, et dont nous n'avons pas parlé.

« La convergence, en changeant la ligne visuelle, amène à sa suite des images doubles ; et nous avons horreur des images doubles ! La question se pose donc ainsi : Il y a combat entre la force accommodatrice, le besoin d'avoir des images nettes, et la nécessité non moins impérieuse de voir simple. Le plus souvent on sacrifie l'accommodation; quelquefois pourtant on sacrifie la vision simple binoculaire. C'est ce qui arrive, par exemple, quand entre les deux yeux existe une différence notable, soit dans le degré de l'anomalie de la réfraction, soit dans le degré de l'acuïté de la vision. Dans ces cas-là, on sacrifie sans hésitation l'image la moins nette. Alors la convergence est, sans crainte, appelée au secours de l'accommodation en défaut, et il se produit un strabisme convergent.

« On observe souvent encore cette différence d'acuïté ou cette amblyopie, comme effet d'astigmatisme ou de faiblesse de la rétine. Alors le strabisme se développe pendant que l'œil dévié s'obscurcit de plus en plus. Quoique le strabisme convergent doive ainsi reconnaître pour principale cause l'hypermétropie, un fait, en apparence singulier, doit être noté ici; c'est que dans les hauts degrés de cette anomalie, le strabisme ne se rencontre point; on se rend cependant facilement compte de ce paradoxe apparent. C'est que, dans ces cas-là, la convergence elle-même est impuissante à corriger l'anomalie et à amener un degré suffisant d'accommodation : ce sont les degrés de un quinzième ou de un dixième d'hypermétropie qui amènent les cas les plus réels de strabisme. Alors, en effet, le strabisme arrive à vaincre l'hypermétropie. Aussi observe-t-on que quand le strabisme se développe un peu tard, l'hypermétropie n'est pas très-considérable.

« Telle est donc la circonstance la plus générale à laquelle il faut rapporter la production du strabisme convergent. En dehors d'elle et des autres circonstances que nous avons mentionnées plus haut, nous ne rencontrons plus que deux ordres de conditions auxiliaires qui, dans le cas d'hypermétropie, contribuent à engendrer cette affection. La première est une certaine facilité native trop grande à converger, et que l'on doit rattacher à l'insuffisance fréquente d'action du muscle droit externe; la seconde a des causes extérieures. La plus fréquente d'entre elles est une trop grande convergence latérale habituelle, comme celle à laquelle seraient soumis de petits enfants cherchant l'éclat de la lumière toujours d'un même côté. C'est alors que la vision binoculaire n'existe pas, et qu'un des yeux peut être tourné en dedans sans produire des images doubles. Mais encore ces causes, nous le faisons remarquer, ne produisent pas le strabisme, à moins qu'il n'y ait hypermétropie.

« Le strabisme n'est pas, en général, héréditaire, et cependant l'hypermétropie, elle, est héréditaire. Mais il ne faut pas oublier que l'hypermétropie n'entraîne pas fatalement le strabisme, que le strabisme fait exception. Dans les familles riches en hypermétropes, vous ne manquerez pas de rencontrer quelques cas de strabisme ; vous les rencontrerez chez ceux où une ou plusieurs des conditions auxiliaires mentionnées existent.

« Le strabisme convergent dû à l'hypermétropie revêt une forme particulière. Il se développe ordinairement vers l'âge de cinq à huit ans, quand l'œil commence à observer et à examiner avec plus de soin. Il est d'abord lié à la fonction, pour devenir constant plus tard ; des images doubles ne sont pas accusées, sans doute, parce qu'au commencement ce n'est qu'en fixant expressément un objet déterminé que la déviation se développe, et que la seconde image rétinienne du même objet est assez éloignée de la tache jaune.

« Le strabisme, le plus souvent, est simple et concomitant ; cependant, dans l'œil sain, le mouvement en dedans va aussi trop loin, ce qui s'explique par l'habitude de tenir l'objet fixé du côté de l'œil dévié. En couvrant l'œil bien dirigé, l'œil dévié dans le premier temps fixe encore l'objet, quoique l'acuïté de la vision soit déjà diminuée. Plus tard, cet œil ne fixe plus, mais reçoit les images sur la partie interne, restée normale, de la rétine ; tandis que par la suppression mentale des images de la tache jaune et de la partie externe de la rétine, ces parties ont perdu en grande partie leur sensibilité ; la sensibilité, alors, ne se rétablit plus. Sous ce rapport, l'opération n'a plus d'effet ; la rétine, examinée à l'ophthalmoscope, ne montre pourtant aucun changement, la cornée n'a pas changé de forme.

« Quand le strabisme convergent s'est développé d'une autre manière, ou offre des symptômes différents, on a droit de supposer que ces cas dépendent de causes étrangères à l'hypermétropie; des spasmes, et surtout des paralysies et des inflammations l'ont alors déterminé. Mais ces cas, comme nous l'avons dit, sont relativement rares (1). »

§ 21. — Considérations nouvelles sur ces deux formes de strabisme, ou plutôt sur le mécanisme de leur production.

Ainsi donc, dans l'opinion de M. de Graëfe, le strabisme divergent intermittent ou périodique, celui qui se manifeste comme conséquence de quelque défaut d'harmonie entre les forces qui concourent à la vision binoculaire, le strabisme divergent purement fonctionnel et indépendant de toute lésion primitive de l'innervation, s'observerait dans les circonstances suivantes : lors de la fixation binoculaire d'un objet relativement rapproché, les muscles de la convergence seraient impuissants à maintenir, ou même à associer les deux axes optiques polaires à intersection sur le point visé. De cette impuissance dériveraient à l'instant la sensation d'images doubles croisées, et bientôt un strabisme divergent des plus apparents, mais délivré alors de l'inconvénient des images doubles.

D'autre part, comment, dans l'exposition de M. Donders, trouvons-nous décrit le mécanisme générateur du strabisme intermittent ou périodique convergent? Le savant Hollandais dit simplement :

« Lors du regard indifférent vers les objets éloignés, quand il ne fait aucun effort, l'hypermétrope présenterait à une observation attentive un état de strabisme apparent divergent. Mais voilà qu'il veut accommoder pour y voir plus distinctement : comme l'accommodation reçoit un puissant secours de l'acte synergique de la convergence, l'hypermétrope, chez lequel le pouvoir accommodatif est plus ou moins en déficit, peut venir en aide à cette action défectueuse au moyen de la convergence.

« Mais la convergence, en changeant la ligne visuelle, amène

(1) Donders, *Comptes rendus du Congrès international d'ophthalmologie*. Session de Paris, 1862.

à sa suite des images doubles; et nous avons horreur des images doubles! Il y a donc combat entre le besoin d'avoir des images nettes et la nécessité, non moins impérieuse, de voir simple. Le plus souvent on sacrifie l'accommodation; quelquefois on sacrifie la vision simple binoculaire. C'est ce qui arrive, par exemple, quand les yeux sont très-inégaux en qualité. Dans ces cas-là, on sacrifie sans hésitation l'image la moins nette. Alors la convergence est, sans crainte, appelée au secours de l'accommodation en défaut, il se produit un strabisme *convergent.* »

Acceptant complétement et avec reconnaissance le fait d'observation bien remarquable découvert par M. Donders, et qui rattache, dans la grande majorité des cas, à une anomalie de la réfraction la production du strabisme, qu'il nous soit permis cependant d'avouer que l'explication présentée par l'illustre professeur nous satisfait moins que la découverte du fait en lui-même. Il existe pour nous une lacune, un desideratum dans l'exposition du mécanisme par lequel l'hypermétrope est transformé en strabique. Sans vouloir rien diminuer de la haute valeur de la découverte de M. Donders, je vais, messieurs, si vous voulez bien, opposer à la brillante exposition qui précède, quelques critiques qui nous conduiront, je l'espère, à établir sur des bases plus certaines encore, cette remarquable doctrine, en la rattachant à celle du savant professeur de Berlin.

Suivant M. Donders, l'hypermétrope, en présence d'images peu nettes, pour y voir mieux, agit sur l'accommodation insuffisante, au moyen de la convergence des axes optiques, en relation de synergie naturelle avec cette dernière.

Il converge *volontairement* pour y voir plus net. Mais ce fait le met en présence de deux images homonymes.

Un combat a lieu alors entre le besoin de voir plus nettement l'une d'elles, et le besoin non moins impérieux de ne pas voir double.

On sort du dilemme en sacrifiant l'une ou l'autre des deux nécessités : si l'on sacrifie la vision nette, on se place dans les conditions pathogéniques de l'asthénopie, ou *hebetudo visûs*, si l'on sacrifie la deuxième image, on devient au contraire strabique.

Telle est bien la manière dont pose la question l'illustre professeur d'Utrecht.

Pouvons-nous l'adopter ?

Il nous en coûte de dire que non ; elle nous semble en opposition avec les faits.

D'après nos expériences répétées, il ne suffit pas du tout de la circonstance du défaut de netteté de l'une ou de l'autre, ni des deux images, ni de celle d'une grande inégalité dans cette netteté, pour que les yeux se portent d'eux-mêmes dans la convergence ou dans la divergence. Il faut que les images soient *doubles, et que le sujet ne puisse donner à ses axes optiques le mouvement propre à les fusionner*. Nous avons fait, pour nous en convaincre, bien des fois l'expérience suivante : Nous avons armé l'un de nos yeux d'un verre concave relativement fort (—15), l'autre œil étant garni d'un verre convexe de même numéro, nous rendant ainsi hypermétrope d'un côté et non moins myope de l'autre ; fixant alors nos regards vers un objet éloigné, nul effort n'a jamais réussi à dissocier les deux images, pour obscures et inégales qu'elles fussent. Le besoin d'une sensation unique, au moyen de deux images, est bien trop impérieux pour permettre une telle dissociation d'images déjà fusionnées.

C'est là un premier point sur lequel il importe que chacun soit fixé. Avons-nous le pouvoir de détruire par un acte spontané et par l'influence de la volonté seule sur le fonctionnement instinctif de la vision, avons-nous le pouvoir de dissocier deux images déjà fusionnées, de séparer, par la volonté, les composantes de la vision simple ?

En ce qui nous concerne, l'expérience ci-dessus relatée est décisive. Non, nous n'avons pas ce pouvoir ; quelque différence de netteté qu'il puisse y avoir entre les deux images dessinées au fond des yeux, pourvu que cette différence toutefois n'aille pas d'un côté jusqu'à l'amblyopie, le besoin de voir simple est un souverain absolu dès que la convergence naturelle est sans effort atteinte.

Mais les choses changent d'aspect, si cette convergence ne se peut pas faire ou n'est que difficilement atteinte.

Ainsi, les yeux fixés à l'horizon, plaçons-nous devant un de nos yeux un prisme à sommet externe d'un petit nombre de degrés (chez nous de 6 à 7°), à l'instant nous nous trouvons en strabisme convergent relatif; tout d'un coup, deux images homonymes sont suspendues devant nous et toute notre volonté est impuissante à les fusionner.

La signification de cette double expérimentation est importante à peser.

Dans le premier cas, l'inégalité, la confusion des images sous une convergence praticable, ne saurait détruire la vision simple, décomposer la résultante de la vision unique.

Dans le second, la netteté des images ne peut prévaloir contre l'insuffisance musculaire même légère : deux à trois degrés de chaque côté au delà du parallélisme, et voilà la vision simple à jamais détruite.

Ainsi se trouvent différenciées, au point de vue de la vision unique, l'influence de la netteté des images et celle de la convergence musculaire.

Un supplément d'expérience va nous montrer ce que devient le principe de la vision unique en présence de l'impuissance où nous venons de mettre le système musculaire de le satisfaire.

§ **22.** — Ce que devient le principe de la vision simple, en présence de doubles images, au delà ou en deçà des limites de la convergence des axes optiques, mais dans le voisinage de cette convergence.

Nous sommes toujours en face de l'objet pris pour point de mire, et un prisme de quelques degrés, le sommet dirigé en dehors, crée des images doubles homonymes que nos efforts sont impuissants à fusionner. Nos muscles, en cette situation, sont en un état d'équilibre synergique ou mutuel, tel que nul degré supérieur de divergence des axes ne saurait être atteint par eux. Les droits internes sont au maximum de l'allongement simultané auquel ils peuvent être amenés.

Soit L le point lumineux visé :

Au moment de l'interposition du prisme à sommet externe P, le rayon L*g* est dévié suivant H*h*; d'où apparition d'images doubles homonymes, L pour l'œil droit, H pour l'œil gauche.

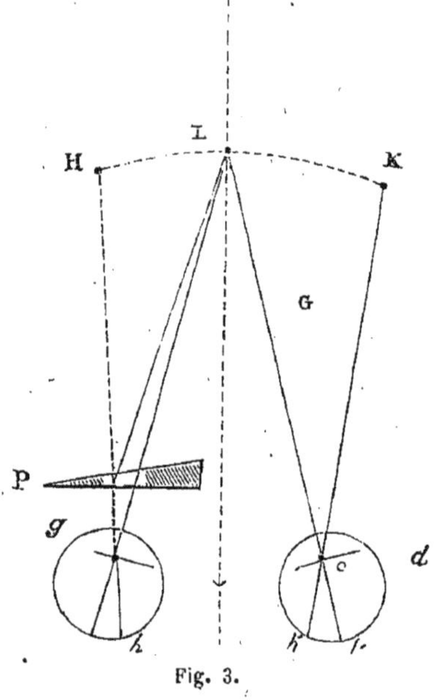

Fig. 3.

Les deux axes optiques sont, en ce moment, en convergence mutuelle sur la distance L, et peuvent se transporter indifféremment sur L ou sur H, en partie liée.

Mais le sensorium ne pouvant demeurer en présence d'images doubles, fusionne alors L et H, en faisant exécuter aux axes optiques un mouvement mutuel de *divergence*, ou, si les muscles s'y refusent, produit la série des phénomènes suivants :

La divergence ne se pouvant exécuter, c'est la convergence qui se fait : les yeux se portent automatiquement en une convergence relative plus grande, *l'attention se détache d'une des images pour se concentrer sur l'autre*, généralement sur la plus distincte. Dans l'expérience, on produit aisément le phénomène en dirigeant son attention sur une seule des images et faisant abstraction de l'autre. On constate alors les phénomènes objectifs et subjectifs que voici :

Phénomènes objectifs :

Supposons que le sensorium fasse abstraction de l'image de gauche H ; un observateur placé près de vous constate alors que l'œil gauche *g* se porte, par un mouvement lent et insensible, dans une convergence extrême, marchant vers l'angle interne de façon à se porter dans une direction telle que OG.

Pendant ce temps, l'œil *droit d* reste immobile, toujours dirigé sur L.

Phénomènes subjectifs :

Qu'éprouve le sujet pendant cette observation? Le sujet déclare que l'image H, qui correspond à l'œil en mouvement *g*, s'est graduellement effacée ; tandis que l'image L, qui correspond à l'œil immobile *d*, s'est transportée d'un mouvement lent et graduel dans la direction GK, tout à fait à sa droite. En même temps, elle est devenue confuse comme si l'œil fût devenu de plus en plus myope. Un verre concave plus ou moins fort, placé devant l'œil droit *d*, lui rend en effet sa netteté, dans cette position extrême.

Au lieu de faire l'expérience avec nos deux yeux égaux, la répétions-nous avec des yeux rendus inégaux par des verres, l'un convexe et l'autre concave, l'attention pouvait encore, avec quelque volonté, faire abstraction de l'une ou de l'autre ; mais pour peu qu'on lui laissât son libre arbitre, elle choisissait la plus nette pour s'y attacher, généralement celle placée chez nous du côté du verre concave; et l'autre, devenant de plus en plus obscure et indistincte, disparaissait comme nous l'avons dit, pendant que la première se portait vers la limite externe du champ périphérique de la vision.

Des expériences rapportées au § 21 et de celles qui précèdent, il résulte que l'inégalité ou la faiblesse de la vision, le peu de netteté des images ou d'*une* image ne suffisent point du tout pour que les yeux les dissocient. Cela ne peut arriver que dans le cas où l'une d'elles serait assez faible pour ne point pouvoir agir sur l'attention. Mais hors ce cas d'amblyopie marquée, le besoin de voir les objets uniques est invincible et le défaut de clarté n'y change rien.

Mais sépare-t-on les deux images par une déviation prismatique de l'une d'elles assez grande pour dominer les efforts musculaires, alors le besoin invincible de l'unité de vision ne trouvant pas de force à sa disposition pour fusionner ces images doubles, semble changer de tactique. Il exagère leur distance relative et se réduit à la vision monoculaire; cet effet est la conséquence immédiate et automatique de la concentration de l'attention sur l'une d'elles et de l'oubli de l'autre.

Il importe de faire observer que cette discussion et ce mécanisme supposent un faible écart des images, ou une faible disproportion dans les longueurs musculaires. Dès que l'écart est prononcé, les doubles impressions rétiniennes tombent sur des régions rétiniennes assez différentes pour ne pouvoir pas réveiller dans l'esprit l'idée d'une unité dissociée, ni occasionner, par conséquent, le trouble si connu qui suit la diplopie. Nous supposons, en un mot, que la déviation n'est pas dès le début extrême; auquel cas, le mécanisme dont la description précède n'aurait pas de raison d'être.

§ **23**. — Tableau des angles des axes optiques entre eux et avec les lignes des centres, ainsi que des prismes correspondant aux divers degrés de convergence.

Pour bien fixer les idées et donner à cette discussion toute la clarté désirable, nous allons reproduire ici le résumé même des expériences dont nous invoquons les enseignements.

Nous commencerons par présenter auparavant un tableau qui servira puissamment à l'intelligence des développements ultérieurs et qui, dans un grand nombre de cas, pourra être utilement consulté.

Ce tableau donne les angles que font les axes optiques entre eux, et avec la ligne qui joint les centres de mouvement des globes, pour toutes les convergences depuis 45° jusqu'au parallélisme, ou pour toutes les distances depuis 2 pouces jusqu'à l'infini, en faisant varier, suivant les règles proposées par M. Donders, ces distances par vingt-quatrièmes de la latitude de l'accommodation.

Une dernière colonne donne en outre l'angle du prisme à sommet externe qui, pour chacune de ces distances, ferait prendre au rayon parallèle la convergence correspondante marquée dans la colonne B.

TABLEAU donnant, pour un écartement de 64mm (2″ 1/2) des centres des pupilles lors du regard parallèle (ou des centres de mouvement des yeux :
(Colonne A), l'angle de convergence des axes optiques entre eux,
(Colonne B), l'angle de chaque axe optique avec la ligne des centres,
(Colonne C), l'angle du prisme qui inclinerait sous ce dernier angle le rayon parallèle, ou le ferait converger aux distances marquées dans la première colonne.

DISTANCES		A	B	C
EN MILLIM.	EN POUCES.			
0,032	»	90°	45°	41°
0,054	2	62°	59°	38°45′
0,060	2 1/11	58°	61°	38°25′
0,065	2 2/5	54°	63°	36°40′
0,072	2 2/3	48°	66°	34°45′
0,081	3	44°	68°	33°10′
0,093	3 3/7	38°	71°	30°25′
0,108	4	34°	73°	28°16′
0,130	4 4/5	28°	76°	24°
0,162	6	24°	78°	21°21′
0,216	8	18°	80°	17°
0,324	12	12°	84°	11°40′
0,648	24	6°	87°	5°
»	∞	»	90°	»

§ **24**. — Détermination expérimentale de la convergence angulaire des axes optiques qui correspond au balancement moyen des muscles dans le regard associé.

L'œil normal a son point *proximum,* dit M. Donders, à la distance de 4″; l'angle de ses axes optiques (pour un écartement moyen de 0m,064 des yeux), avec la ligne des centres, serait, d'après le tableau ci-dessus, de 34° de chaque côté. Nous devons donc penser que, s'il n'y a pas empêchement apporté par la synergie imposée par l'accommodation, et l'objet visé étant à l'horizon, qu'un prisme à sommet *interne* de 28° (angle du prisme qui dévie de 34° ce rayon venu de l'horizon), placé devant chaque œil, pourra être vaincu par le besoin inné de fusionner les images doubles, et par un mouvement mutuel des axes optiques se portant au-devant l'un de l'autre jusqu'à une convergence de 34°, chacun avec la ligne qui joint leurs centres.

L'expérience confirme pleinement cette supposition.

L'attention binoculaire étant fixée sur un point éloigné de plus de 15 à 20 pieds, des prismes à sommets internes de force croissante sont placés devant mes yeux ; les images doubles ainsi produites se voient alors constamment fusionnées, quel que soit leur degré de netteté, jusqu'à ce que les prismes aient, de chaque côté, atteint l'angle de 34° environ ; ce qui correspond, comme on le voit sur le tableau, à une convergence mutuelle des axes de 48°, ou une distance de 2 pouces 2/3, ou 7 centimètres 2 millimètres.

(On remarquera, en passant, quelle est l'énergie du besoin inné d'avoir des images simples ; puisque le degré d'accommodation qui, d'après les belles expériences de M. Donders, correspond à une si forte convergence mutuelle, ne permet pas aux rayons parallèles de produire des images tant soit peu nettes. Les muscles internes néanmoins vont jusqu'au bout de leur course pour les fusionner.)

Faisons l'expérience inverse ; tournons les prismes en dehors : il se produit alors des images doubles homonymes ; et pour fusionner de telles images, il faut avoir recours à un acte de divergence mutuelle.

Or, jusqu'où réussissons-nous dans ce cas ? Jusqu'à 2 ou 3° de chaque côté ; pas davantage.

Ainsi donc, nos muscles externes, à partir du parallélisme des regards, peuvent porter nos axes optiques de 2 à 3° en dehors de chaque côté, tandis que les muscles internes peuvent, à partir de la même situation, les amener jusque fort en deçà des limites rapprochées de notre vision monoculaire.

Inversement, prenons un point de mire à 6 pouces de distance, la même expérience va nous apprendre que nos muscles internes vont, par suite de notre horreur des images doubles, triompher de prismes à sommets internes de 18° de chaque côté, ou donner aux axes optiques une convergence mutuelle de 60° environ, correspondant à une distance de 2″ 2/11 de nos yeux.

Si, au contraire, on retourne les prismes, sans changer la distance du point de mire, on reconnaît que l'action des muscles externes est notablement augmentée : ils triomphent en effet de l'interposition d'un prisme de 22° de chaque côté.

Or, que voyons-nous sur le tableau? qu'un prisme de 21° est celui nécessaire pour amener sous une convergence de 78°, correspondant à 6 pouces de distance, le rayon parallèle. Et l'expérience, ci-dessus décrite nous donne seulement 1 ou 2° de plus. Peut-on avoir plus de concordance?

Maintenant, que conclurons-nous de ces expériences?

Rien que de très-simple et qu'on pouvait prévoir, sauf la question de limites.

C'est que lors des regards associés, et dans les yeux normaux, c'est entendu, les muscles externes peuvent porter spontanément les axes optiques jusqu'au parallélisme, sans pouvoir dépasser notablement cette limite angulaire (2 à 3° seulement).

Et que les muscles internes chasseront du champ de la vision toute image double croisée, fallût-il arriver jusqu'à se mettre en convergence mutuelle de 2 pouces (dans l'exemple choisi), ou plus généralement d'une distance toujours notablement inférieure à la limite rapprochée de la vision binoculaire nette.

On peut se demander maintenant quelle est la situation moyenne angulaire correspondant à une égale course des muscles internes ou externes entre ces limites extrêmes.

Il n'y a rien de plus simple :

Nous avions 34° d'un côté et 2° de l'autre; prismes correspondant à des angles avec la ligne des centres de 92° d'un côté et de 66° de l'autre.

La position moyenne angulaire correspond donc à une inclinaison de 79° des axes optiques sur leur ligne des centres ou de 22° de convergence mutuelle sur une distance de 7 pouces.

Ce résultat est tout à fait en rapport avec la portée de nôtre vue qui s'est maintenue normale du côté des objets rapprochés jusqu'à l'âge de trente ans.

Pour cette distance de 7 pouces, il y a donc parfait équilibre chez nous entre les muscles de la convergence et ceux de la divergence.

Le défaut de netteté, l'inégalité de ces images, ajoutent-ils quelque chose à la difficulté de les fusionner?

Nous ne nous en sommes pas aperçu, en ce qui nous concerne. Nous étant rendu hypermétrope d'un côté par interposition d'un verre (— 15), et myope de l'autre avec un verre (+ 15), les phénomènes précédemment décrits se sont reproduits dans leur forme et teneur.

L'horreur des images doubles a toujours été la puissance prédominante.

Nous avons vu plus haut, § 22, comment le sensorium échappait à la diplopie. Ne pouvant exécuter la divergence nécessaire au fusionnement des images, les axes optiques se portent automatiquement dans le sens opposé, en convergence excessive, réduisant la vision binoculaire à la monocularité.

Voilà ce qui a lieu du côté du parallélisme des axes optiques ; recherchons actuellement ce qui se passe vers l'autre extrémité du champ antéro-postérieur de la vision. Eh bien! du côté des objets rapprochés, et dans le cas d'images croisées d'un objet, placé très-près du sujet, et procurées par des prismes à sommets *internes*, les mêmes phénomènes s'accomplissent en sens inverse : Écartement graduel des images, disparition presque totale de l'une d'elles, celle qui ne fixe pas l'attention ; transport apparent de l'autre image en dedans, proportionné à l'étendue du mouvement de *divergence* observé dans l'œil qui se meut.

Ces phénomènes sont accompagnés de changements dans la netteté de l'image sur laquelle est fixée l'attention, changements en rapport avec ceux subis par l'accommodation, laquelle est elle-même subordonnée à la convergence ou à la divergence anormales.

Ainsi le mouvement de l'image qui correspond à une convergence progressive de l'œil étranger à cette image, rend celle-ci de plus en plus confuse; l'œil en rapport avec cette dernière et qui demeure immobile éprouve donc, dans son accommodation, un surcroît d'action dû à la sympathie qui existe entre cette force active et la convergence.

On voit que cette modification conviendrait parfaitement à l'œil en question, s'il était primitivement hypermétrope.

Par contre, l'image est-elle croisée, appartient-elle à un état de strabisme divergent qui s'exagère automatiquement, le mouvement de divergence relative des yeux relâcherait sympathiquement l'appareil accommodateur de celui qui reste en rapport constant avec l'image, et cette modification ne pourrait que profiter au myope.

§ **25.** — Mécanisme physiologique de la production du strabisme divergent, dans le cas d'insuffisance artificielle des muscles droits internes, et du strabisme convergent dans celle des droits externes.

Ces expériences et cette discussion nous paraissent propres à jeter un grand jour sur la question qui nous occupe ici. Dans l'état normal, les regards étant dirigés vers l'horizon et les axes optiques en parallélisme, il suffit de placer devant un des yeux un prisme à sommet externe, d'un très-petit nombre de degrés, pour produire deux images doubles homonymes qu'aucun effort ne saura fusionner. Place-t-on, au contraire, le sommet du prisme en dedans, les images croisées, ainsi produites, se verront instantanément fusionnées, même en augmentant considérablement l'angle du prisme ou des prismes, car on pourra partager entre les deux yeux l'angle total de la déviation. On arrivera ainsi, en fusionnant toujours, jusqu'au point où les rayons parallèles, après leur réfraction par le prisme, affecteraient la direction des axes optiques en convergence mutuelle sur le point le plus rapproché de la vision binoculaire. Inversement, fixons-nous un objet rapproché et placé à l'extrême limite inférieure de la vision nette binoculaire, l'interposition d'un prisme à sommet interne d'un très-petit nombre de degrés fera naître des images doubles croisées que certains efforts pourront encore quelquefois annuler. Mais, nous le répétons, la convergence fatigante ne pourra triompher que d'un très-petit nombre de degrés (3 ou 4). Si l'on dépasse ce chiffre, que la convergence fatigante peut surmonter, les images doubles persistent, et bientôt on assiste au phénomène décrit plus haut, § 22, et qui ramène, par un strabisme intense, la vision aux conditions monoculaires. Mais au lieu d'un prisme à sommet interne, vise-t-on cet objet rapproché à travers un prisme à sommet externe, on peut donner à ce prisme l'angle considérable qui ferait prendre aux rayons incidents la direction du rayon venant de l'horizon.

Nous ne savons si cet exposé expérimental vous frappera, Messieurs, comme il nous a frappé nous-même; mais nous ne pouvons nous empêcher d'y voir une ressemblance bien remarquable avec l'objet même de la discussion qui nous occupait tout à l'heure. Que sont, en effet, ces images doubles que notre instinct est impuissant à fusionner et qu'un prisme d'un petit nombre de degrés, à sommet externe, maintient devant nous quand nous fixons un point à l'horizon? Qu'est-ce que notre situation vis-à-vis de ces images doubles, si ce n'est un état d'insuffisance relative de nos muscles droits externes à vaincre ce petit nombre de degrés du prisme?

Qu'est-ce, en outre, que cette disparition de l'une des images, coïncidant avec la convergence de l'œil correspondant, et le changement d'accommodation qui se manifeste dans l'autre, sinon le mécanisme même du strabisme convergent de l'hypermétropie, tel qu'il doit être conçu sur les remarquables observations de M. Donders. D'autre part, pesons-nous sur l'interprétation forcée du phénomène, en assimilant, trait pour trait, à l'insuffisance des droits internes l'impuissance où nous sommes de vaincre un prisme de quelques degrés à sommet interne, lors de la vision d'un objet rapproché ; et le strabisme divergent, si bien exposé par M. de Graëfe, ne reproduit-il pas les effets de cette divergence automatique des yeux, éliminant une de ces images doubles de la diplopie croisée, et rendant l'œil qui demeure dirigé sur l'autre, plus apte à l'apercevoir nettement.

§ **26.** — Identité de ce mécanisme physiologique avec celui qui produit le strabisme périodique divergent de M. de Graëfe et celui convergent de M. Donders.

A nos yeux, ces phénomènes, les uns de physiologie pathologique, les autres fournis par l'expérimentation, ne sont point seulement analogues, ils sont identiques ; et, après les avoir rapprochés, il ne nous est plus resté de doutes sur l'interprétation à donner aux rapports invoqués par M. Donders entre l'hypermétropie et le strabisme convergent périodique. Ce rapport n'est point direct, comme il semblait résulter de l'exposition du savant professeur ; il n'est point nécessaire, il est, comme disaient les anciens philosophes, simplement contingent. Mais cette contingence est fréquente et se relie, elle, non pas à l'hypermétropie, mais au point de départ même de cette anomalie. En un mot, si le strabisme divergent, périodique de M. de Graëfe, et qu'on rencontre plutôt allié à la myopie, est manifestement dû *à l'insuffisance des droits internes*, sans qu'on puisse dire que cette insuffisance résulte de la myopie, de même, dans certains cas d'hypermétropie, et plutôt conjointement avec cette affection qu'avec un œil normal, on rencontrera l'*insuffisance des droits externes*. Et cette insuffisance aura même une explication naturelle, et on la trouve au fond du fait invoqué par M. Donders, où elle est d'ailleurs aussi facile à expliquer que l'est, dans la myopie, l'insuffisance des droits internes.

Dans celle-ci, dit M. Donders, l'ectasie, la distension des membranes profondes repousse *en dedans* de l'axe de la cornée la *macula lutea :* les deux axes qui, à l'état normal, sont divergents (celui de la cornée en dehors, § 11), deviennent donc de moins en moins divergents, peuvent finir par se confondre, et l'on conçoit facilement que l'axe optique puisse même dépasser cette limite et devenir divergent par rapport à l'autre. Pendant ce temps-là, le plan d'insertion antérieur des muscles droits ne change pas : toutes les modifications se passent au fond de l'œil. Il est simple à concevoir, dès lors, que par le fait de ce transport, en dedans, de l'axe optique par son extrémité postérieure, les droits internes soient mis en état d'insuffisance relative. A leur longueur, qui ne varie pas, correspondra désormais un axe optique plus divergent.

L'insuffisance des droits externes en rapport plus ou moins fréquent de coïncidence relative avec l'hypermétropie est-elle un fait plus difficile à concevoir? Aucunement : M. Donders nous l'a lui-même appris; l'axe de la cornée offre chez l'hypermétrope, avec la ligne visuelle, un axe optique proprement dit, un angle en dehors, plus grand encore que cela n'a lieu dans l'œil normal. Cela tient, paraît-il, dans l'opinion du savant hollandais, et elle est conforme aux beaux travaux de M. d'Ammon sur le développement de l'œil humain, à un arrêt relatif de développement. Or, d'après ces travaux mêmes, c'est la région postérieure du globe qui se clôt la dernière, qui la dernière atteint sa forme et sa position finales. Quoi qu'il en soit, c'est avec une position trop interne, en avant, de l'axe optique, que coïncide le plus souvent l'hypermétropie, la trop grande brièveté de l'œil, d'avant en arrière. Le système musculaire, lui, s'est développé et fixé suivant d'autres lois, celles du développement de la région antérieure, et il est en rapport avec la face et l'ossature de la tête, avec la fente palpébrale et la direction de l'orbite. Dès lors, rien de plus concevable que la brièveté relative des muscles droits internes ou l'insuffisance des externes.

M. Donders reconnaît un œil hypermétrope à première vue, à une sorte de strabisme divergent. Qu'est-ce à dire? que pour le regard indifférent, pour les rayons parallèles, la cornée est un peu déviée en dehors. Pour cette position extrême, les muscles droits internes ont donc été déjà relativement allongés ; mais, dans cette circonstance, il n'y a pas eu strabisme interne, le regard est un peu divergent, peut-être, mais la vision est binoculaire, le regard associé régulier.

Mais imaginons qu'en cet état extrême il y ait encore un peu inclinaison interne de la ligne visuelle; alors nous sommes en présence d'une réelle insuffisance des droits externes, c'est-à-dire de trop de brièveté des droits internes pour un tel angle de la cornée avec la ligne visuelle. Alors nous avons des images doubles homonymes, et nous ne les pouvons vaincre. Avant d'être parvenus au parallélisme, les axes optiques se trouvent dans les conditions de l'expérimentation du § 22, et la solution fatale sera la réduction de la vision à la fonction uni-oculaire au moyen d'un strabisme convergent plus ou moins prononcé! tant nous avons horreur des images doubles!

Ainsi, dans les deux cas opposés, même mécanisme.

Y a-t-il insuffisance plus ou moins prononcée des droits internes (ou brièveté relative des antagonistes), un objet qui se rapproche, arrivé à ce point de convergence qui marque la limite rapprochée du balancement synergique des muscles, déterminera des images doubles croisées que nul effort ne saura fusionner.

Quelque petit que soit le nombre de degrés qui marquera leur écartement, si le besoin de la vision exige un tel rapprochement de l'objet, l'unique ressource sera la production de ce strabisme divergent si bien décrit par M. de Graëfe, attribué par lui à sa vraie cause, et dont le mécanisme se lit en toutes lettres dans l'expérience dudit § 22.

C'est alors que l'on voit un léger strabisme dynamique de quelques degrés, 5 à 6° par exemple, transformé, par le besoin d'unité de la vision, en un strabisme automatique énorme, de 60 à 90°, comme cela a lieu dans le strabisme divergent. Et, d'après les termes de la question, on comprend le rapport naturel de coïncidence de ces conditions premières avec la myopie : 1° besoin de rapprocher les objets pour les apercevoir; 2° moindre inclinaison de la ligne visuelle ou axe optique sur l'axe de la cornée.

L'insuffisance a-t-elle lieu en sens inverse, du côté des muscles droits externes (condition anatomique qui se rencontre le plus naturellement avec la conformation de l'œil hypermétrope), il y a, lors de la vision à distance, production d'images doubles homonymes et impuissance de les réunir ; alors intervient l'action opposée des muscles contraires empressés à faire disparaître la diplopie, et un strabisme convergent automatique change la vision binoculaire double en vision monoculaire généralement plus parfaite.

Ici encore, il suffit d'une légère insuffisance des muscles, d'un strabisme dynamique de quelques degrés, pour amener une déviation automatique plus ou moins considérable, mais toujours exagérée, eu égard à celle qui résulterait de la simple insuffisance, et qui subsisterait, n'était l'horreur invincible que nous avons pour les images doubles.

Nous mettrons ultérieurement à profit ces remarques pour le traitement de ces sortes de strabismes.

§ 27. — Retour sur l'explication du mécanisme du strabisme double par sympathie musculaire du § 16.

Nous pouvons cependant, dès maintenant, tirer une conclusion de cet exposé, conclusion propre à jeter quelque jour sur le mécanisme de la production du strabisme double ou sympathique qui a fait l'objet de notre attention dans le § 16.

Prenons pour exemple le strabisme convergent qui va résulter des images doubles homonymes produites par une insuffisance des muscles droits externes. Dans l'expérience relatée au § 22, nous voyons qu'à mesure qu'elle semble fuir vers la limite latérale du champ de la vision, l'image qui correspond à l'œil en apparence immobile, trahit, par le changement qu'elle subit dans sa netteté, les effets qui s'accomplissent dans l'appareil de l'accommodation. Cette image devient, proportionnellement à son déplacement, de plus en plus confuse et dans le sens de la myopie. En un mot, l'œil immobile devient relativement ou même absolument myope, et si l'objet visé est un peu éclatant, on observe, dans les modifications de son apparence, les phénomènes de la polyopie unioculaire. Le fait est rendu incontestable si l'on interpose à l'œil et à l'objet un verre concave : l'image redevient alors nette, et on peut même mesurer le changement subi par l'accommodation par la force réfringente du verre interposé.

Ce phénomène révèle l'étroite sympathie qui existe entre la convergence et l'accommodation, et même démontre un côté remarquable de cette sympathie. L'accommodation, dans l'œil immobile, se proportionne à la marche convergente de l'œil qui se meut. Ce fait, considérable comme importance, est à joindre aux autres expériences qui démontrent l'étroite synergie qui relie l'accommodation à la convergence.

L'expérience sus-relatée doit donc être refaite avec un soin minutieux, pour reconnaître si cette tension de l'appareil ciliaire dans l'œil apparemment immobile n'est pas le signe de quelque mouvement faible de convergence qu'exécuterait aussi cet œil, entraîné soit par la synergie musculaire proprement dite, soit par la pression de l'accommodation servant alors d'intermédiaire.

Par là on pourrait expliquer une convergence secondaire légère à l'œil sain, faisant suite sympathiquement à la convergence tout à fait anormale de l'œil malade, lors de la transformation d'un strabisme intermittent en strabisme fixe.

CINQUIÈME LEÇON

DU STRABISME OPTIQUE

§ 28. — Du strabisme optique. — Du strabisme faisant suite aux taies et leucômes de la cornée, et improprement nommé strabisme optique. — Sa véritable pathogénie.

Sous le nom de *strabisme optique*, M. J. Guérin a décrit (1) une forme de strabisme consécutif, caractérisé dans son expression générale par la *disjonction des axes visuel et oculaire*, dans l'acte même de la vision binoculaire.

Dans ces conditions anormales, un axe secondaire de l'un des yeux (et ultérieurement même de chaque œil) remplace l'axe optique principal ou polaire pour l'exercice de la vision simple associée.

L'auteur attribue à trois ordres principaux de circonstances la production de cette anomalie fonctionnelle. Dans la première variété, dont nous allons nous occuper d'abord, cette discordance de l'association binoculaire aurait pour origine une altération localisée et circonscrite de quelqu'un des milieux transparents, altération, opacité siégeant sur le trajet même de l'axe optique, et interceptant ainsi, dans le cône effectif de rayons lumineux pénétrants, une portion plus ou moins grande de ce faisceau. Ajoutons, ceci est essentiel dans la pensée de l'auteur, que le centre, l'axe de ce faisceau sont compris dans cette portion supprimée.

Ces obstacles au passage partiel de la lumière seraient (surtout) une tache, une taie, un leucôme partiel de la cornée, mais pourraient aussi bien être encore une opacité quelconque de la capsule ou du cristallin, et peut-être même du corps vitré. La condition nécessaire à la production du strabisme

(1) *Mémoire sur l'étiologie du strabisme.* — 1843.

optique est seulement celle énoncée plus haut, l'obstacle opaque siégeant *sur l'axe optique même, mais n'obstruant pas complétement l'orifice pupillaire.*

« Dans ce cas, dit M. Guérin, la déviation oculaire pendant le regard attentif, a toujours lieu *du côté opposé aux parties restées transparentes, de manière à leur faire prendre la place des parties opaques, et à les amener sur le passage des rayons lumineux.* C'est là le caractère principal de l'affection : la déviation n'est pas permanente, elle n'a lieu que pendant le regard intentionnel, mais alors d'une manière si nécessaire que, sans elle, la vision ne pourrait avoir lieu. (Cependant nous verrons plus loin, ajoute M. Guérin, que dans les cas anciens, même dans ceux où la nature optique de la déviation est des plus évidentes, le strabisme finit par devenir permanent, au moins dans certaines limites, et s'étend même à l'œil opposé). »

Comme nous le disions, en analysant, dans notre *Traité de la Vision binoculaire*, le remarquable travail de M. Guérin, le mécanisme qui produit ici la déviation, a, dans la pensée de l'auteur, et, faute d'une suffisante discussion des éléments de la question, avait dans la nôtre également, quand nous avons reproduit ses idées, l'objet et l'indication suivants :

Fournir à l'acte de la vision un axe secondaire en place de l'axe optique principal ou polaire obstrué : « La déviation, dit M. Guérin, a lieu de manière à amener *dans la direction des rayons lumineux* les parties des milieux demeurées transparentes. »

Tel est bien, en effet, l'objet théorique de la conception de cette forme de strabisme ; mais est-il bien conforme à la physiologie et à la physique de l'œil? C'est ce que nous avions négligé jusqu'à ce jour de rechercher, et ce qu'il convient à tous égards d'approfondir. Nous parlons, il est bien entendu de la première des trois variétés de strabisme optique décrites par M. Guérin, variété bien caractérisée par l'exemple saisissable et objectif d'une taie de la cornée occupant une partie seulement de la surface pupillaire, et en obstruant notamment le centre.

Eh bien ! le physicien, soumettant cette proposition à l'analyse, et étudiant la formation des images au fond de l'œil, ou sur un écran, au moyen d'une lentille de l'optique, reconnaît tout d'abord que l'interposition de cette opacité partielle sur le trajet du rayon lumineux diminue assurément l'éclat des images, mais ne change absolument rien au lieu de leur formation sur l'écran. En concevant qu'il était nécessaire, pour la formation de ces images, que l'œil plaçât la partie demeurée transparente dans sa cornée sur l'axe même du cône divergent de lumière qui vient le frapper, M. Guérin s'est écarté des lois de la physique. Tous les rayons du cône divergent dont nous venons de parler, quelle que soit leur inclinaison sur la cornée, dès qu'ils peuvent pénétrer dans l'œil par un point quelconque du cristallin, tous ces rayons, dis-je, vont (dans la vision normale), se concentrer en un même foyer sur la rétine. Les rayons centraux ne sont pas, à cet égard, autrement ni mieux qualifiés que quelque rayon périphérique que ce soit.

Après avoir déterminé le lieu de l'image formée par une lentille, placez un pain à cacheter au milieu de la lentille, vous n'altérez la situation de l'image que dans la proportion de l'aberration de courbure, mais vous ne changez point par là l'axe de la lentille, ni la direction de l'image.

La même chose arrive si vous entourez ladite lentille d'une zone obscure, d'un diaphragme épais, en laissant son centre

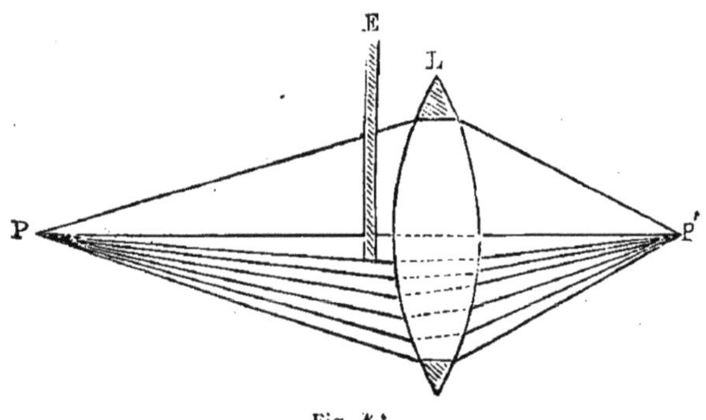

Fig. 4 *.

* Figure 4. — P' étant l'image réelle et renversée du point P, fournie par la lentille L, l'interposition de l'écran E de façon à intercepter tous les rayons compris entre P et l'écran, n'empêche en aucune façon la formation de la même image P' par les rayons non interceptés ; l'éclat seul en est diminué ; mais le point de concours n'est pas changé (abstraction faite, il est bien entendu, de l'aberration de courbure).

libre; dans les deux circonstances, vous n'altérez que l'éclat de l'image, non sa position.

Mais la théorie physique n'est pas seule à repousser la distinction posée implicitement par M. Guérin.

Les preuves objectives et physiologiques abondent pour conduire à la même conclusion.

Dans la cataracte stratifiée congénitale, dans laquelle, comme on sait, la partie opacifiée, centrale et circulaire est entourée d'une zone parfaitement transparente, on n'a qu'à dilater l'ouverture pupillaire pour avoir des images parfaites, et chez ces sujets, la vision binoculaire s'exerce alors sans diplopie ni strabisme, quoiqu'aucun rayon ne leur parvienne par le centre des milieux. Au lieu de dilater la pupille, pratique-t-on une pupille artificielle par iridectomie, et particulièrement par iridésis, on observe encore le même effet; la vision binoculaire s'exerce régulièrement.

Dans les expériences physiologiques que l'on fait au moyen de l'optomètre de Scheiner, la carte percée de plusieurs trous d'épingles, tous ces trous, lors d'une accommodation exacte, ne donnent-ils pas une image unique? On peut en boucher un, celui du centre, si l'on veut, rien n'est changé dans l'image que le degré de sa vivacité.

Le mouvement de déviation de l'œil, pour le soustraire à l'opacité partielle, et mettre la région encore transparente de la cornée en rapport avec l'axe du cône lumineux, n'aurait donc d'autre effet possible que de faire pointer l'axe de la vision de cet œil sur une autre région de l'espace, et d'amener, par conséquent, des images doubles de tous les objets du tableau, le point de mire compris.

L'inspection seule de la figure 5 suffit à démontrer l'exactitude de cette analyse.

Tous les rayons émanés de A et qui viennent frapper la cornée de l'œil gauche *g*, ne traversent pas cette membrane, devenue opaque dans ses trois quarts externes. Il n'y a que ceux qui tombent sur la partie transparente *t*, qui arrivent à former foyer sur la rétine; mais ils forment ce foyer au même point α que ceux qui traverseraient la partie externe, si elle était transparente, comme la partie t. Or, si un mouvement de l'œil venait transporter sur la direction centrale Ag, cette

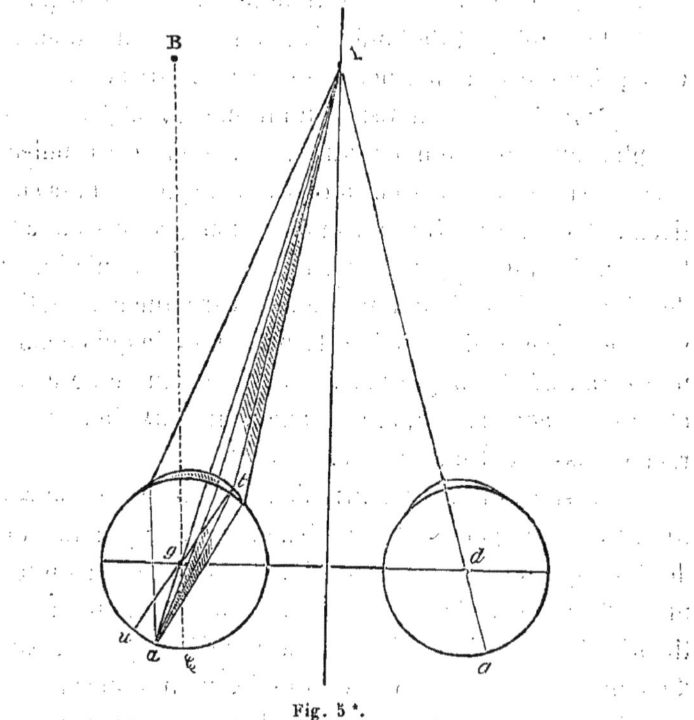

Fig. 5 *.

portion transparente t, l'axe optique, entraîné par ce mouvement, viendrait occuper la position $6g$B; les axes optiques de droite et de gauche seraient donc en divergence relative, et l'objet A serait vu double (images croisées), et non pas unique.

Nous nous trouvons donc forcé de chercher une autre explication mécanique pour rendre compte du strabisme qui s'observe à la suite des opacités partielles des milieux réfringents.

Sans nous prononcer à cet égard, nous mentionnerons seulement l'opinion aujourd'hui la plus en faveur auprès des ophthalmologistes. La plupart d'entre eux assignent pour cause prochaine à cette déviation un raccourcissement musculaire, une brièveté relative consécutivement survenue dans le muscle le plus voisin du siége de l'opacité, par suite de sa participation, par voie de contiguïté ou de voisinage, à l'inflammation plus ou moins prolongée dont l'œil a été le siége, et dont la trace s'observe sur la cornée.

On a objecté à cette proposition des doutes sur la possibilité de la transmission de l'inflammation de la cornée au muscle voisin. Mais il n'est pas nécessaire d'admettre cette inflammation même étendue au tissu du muscle. Un état spasmodique de plus ou moins longue durée, amené par cette phlegmasie voisine, suffit parfaitement à rendre compte des faits consécutivement observés. Une affection articulaire provoque la contraction des muscles en rapport avec cette articulation. Est-il, dès lors, antiphysiologique de supposer une contraction, un spasme de cet ordre pendant la photophobie qui accompagne une kératite? Prolongez par la pensée la durée de ce spasme et de cette contraction, et vous aurez, au bout de ce temps, un raccourcissement musculaire.

De puissantes raisons contre l'admission dans le cadre scientifique de cette genèse du strabisme, par la disjonction optique de l'axe optique et de l'axe oculaire, du strabisme optique, en un mot, avaient déjà été opposées au savant auteur de cette théorie, lors des discussions de la première époque, par M. le docteur Ch. Phillips. Nous devons les mentionner ici, regrettant de ne les avoir point connues lorsque nous avons touché, pour la première fois, à ce sujet.

« Tous les opérateurs, dit M. Ch. Phillips, ont eu à redresser des yeux recouverts de taies, ou atteints de cataractes centrales placées sur le passage de la lumière ; et ces altérations n'ont pas été des obstacles au redressement de l'œil (1). »

Et plus loin :

« Si cette théorie était vraie, l'œil plus faible, ou bien l'œil qui ne voit que dans une position donnée, devrait être dévié, par cela seul qu'il est plus faible, etc. Il n'en est rien, cependant. Si les strabismes optiques étaient réels, tous les sujets qui ont des taies, des cataractes centrales, des parties de la rétine insensibles devraient loucher, et cela n'est pas. »

(1) *De la ténotomie sous-cutanée.*

§ 29. — Seconde variété du strabisme, dit optique, et paraissant se rattacher aux faits rassemblés par M. de Graëfe, dans le titre *d'incongruence des rétines.*

La seconde espèce de strabisme par cause optique, décrite par M. Guérin, serait déterminée par un changement de rapports survenu entre les milieux réfringents de l'œil, sans altération de leur transparence.

Cette formule générale aurait pour exemple le plus satisfaisant une obliquité accidentelle du cristallin, amenée en général par une violence, une chute, une pression dans un sens déterminé par une tumeur orbitaire, etc., etc., enfin une cause mécanique quelconque.

D'après les considérations présentées par M. Guérin à l'appui de l'introduction de cette espèce de strabisme dans le cadre nosologique, nous devons penser que c'est par le seul effort de l'induction qu'il a été conduit à proposer cette nouvelle individualité morbide, et qu'elle ne joue, dans l'espèce, d'autre rôle que celui d'explication admissible d'un phénomène pathologique constaté (le strabisme), mais jusque-là sans explication. Nous ne voyons pas, en effet, que M. Guérin ait produit à l'appui de son ingénieuse opinion aucun fait d'observation détaillée propre à lever les doutes à cet égard.

Le savant auteur le reconnaît d'ailleurs, car, sur ce point même, il s'exprime comme il suit : « Il est vrai que ces différents déplacements des milieux de l'œil n'ont pas été, que nous sachions, directement constatés par l'inspection anatomique, au moins dans leurs rapports de causalité avec le strabisme ; mais ils fournissent la seule explication possible jusqu'ici de certains strabismes temporaires, de nature évidemment optique. »

Cette citation montrera que notre savant compatriote, en cherchant et proposant cette variété étiologique, obéissait uniquement au besoin logique de combler une lacune, et nous préservera de tout soupçon de critique légère ou hasardée.

Les développements dans lesquels entre ensuite M. Guérin

au sujet des symptômes qui accompagnent souvent ces déplacements, par une violence quelconque, de l'œil en entier ou de quelqu'un de ses milieux, introduisent dans la question des éléments d'une autre nature, et qui ressortissent au chapitre de la polyopie monoculaire.

Cette question est donc tout entière à reprendre ; en la trouvant posée, dès 1843, par M. Guérin, près de dix années avant l'invention de l'ophthalmoscopie, on se prend à regretter fortement que ce puissant esprit de logique inductive se soit borné à jeter là ses aperçus généralisateurs, puis les ait abandonnés pour poursuivre des objets nouveaux. L'élucidation complète de ces intéressants problèmes eût été une conquête française, et nous sommes aujourd'hui dans l'obligation d'emprunter à l'Allemagne le complément de ces précieux travaux.

Nous savons, en effet, aujourd'hui, qu'il a été observé des inclinaisons anormales du cristallin sur son axe (en dehors même des luxations spontanées ou traumatiques de cette lentille). L'ophthalmoscopie, l'observation des images catoptriques de Purkinje ou de Sanson en ont fait reconnaître directement à MM. de Graëfe, Helmholtz, Knapp, Donders. Mais nous ne croyons pas que cela ait été en compagnie du strabisme. Quelques-unes de ces observations montrent dans des synéchies postérieures la cause mécanique du déplacement de la lentille. Cette étude, évidemment, n'est encore qu'à son origine.

Ajoutons encore une réflexion.

Au lieu d'être une simple hypothèse, la proposition de cette seconde espèce de strabisme optique, fût-elle appuyée sur des faits incontestables, aurait dû être plus expressément différenciée de la première espèce.

Dans la pensée de l'auteur, la première espèce de strabisme optique reposait sur le mécanisme indiqué plus haut : établir l'association binoculaire sur un axe secondaire, en place de l'axe polaire, dans l'œil altéré.

Or, dans la deuxième espèce, l'objet est justement opposé. Le cristallin étant déplacé par une violence extérieure, l'axe polaire se trouve dévié. Quel est alors l'objet du strabisme réparateur de la vision binoculaire troublée, si ce n'est, au point de vue théorique, la restitution en sa position efficace de l'axe polaire écarté par le traumatisme ? Si ce n'est pour remettre les choses en situation, si ce n'est pour replacer dans leurs rapports normaux les axes optiques, quelle fonction aurait à remplir la déviation secondaire du globe ?

Cette variété de strabisme n'est donc pas à classer sous la même rubrique que la première. Celle-ci substituait un axe secondaire à l'axe polaire ; la seconde ferait l'inverse ; elle rappellerait à ses fonctions l'axe polaire dévoyé.

Avant d'ouvrir une discussion complète sur ces questions délicates, la science a besoin d'être fixée sur le point de savoir si l'axe optique polaire joue dans la fonction un rôle absolu ou qui, au contraire, comporte des exceptions.

Quelques faits, peut-être encore incomplétement observés, semblent légitimer l'admission de quelques exceptions à la loi qui fixe sur la macula le centre obligé des perceptions rétiniennes. Cependant, et malgré notre tendance première, reconnaissons que ces faits ne sont pas encore en assez grand nombre et assez positifs sous le rapport de leur incontestable réalité, pour faire réellement échec à la loi généralement admise.

Nous renvoyons à cet égard au § 82, où nous consignons les faits curieux recueillis par M. de Graëfe et rassemblés par lui sous le titre : « *Incongruence des rétines.* » Ces faits, non encore synthétisés, rentrent, nous devons le croire, dans la classe de ceux qui ont conduit M. J. Guérin à créer la seconde variété de strabisme optique.

§ **30**. — Troisième variété de strabisme, dit optique, et qui se lierait à une paralysie partielle, dans la région de la macula.

Quant à la troisième et dernière espèce, elle aurait pour origine, dit M. Guérin, « une insensibilité de la rétine au point normal d'arrivée des rayons lumineux, » une paralysie partielle siégeant sur la macula.

La description qu'en donne notre savant confrère, en justifiant les remarques qui terminent notre dernier paragraphe, témoigne de la témérité qu'il y aurait à établir une étiologie positive sur des observations aussi incomplètes.

Nous citons ici textuellement M. Guérin.

« La démonstration expérimentale de la troisième espèce est assez difficile. Une paralysie partielle de la rétine ne se constate pas par les sens, comme un albugo ou une opacité partielle du cristallin (cela était écrit en 1843 ; nous savons aujourd'hui que ce diagnostic est au contraire chose généralement facile) ; mais on peut établir son existence sur une induction assez rigoureuse pour qu'elle équivaille presqu'à une démonstration directe. Et d'abord, si l'on observe avec soin les individus frappés, même complétement, d'amaurose proprement dite (paralysie de la rétine) ; au moment où ils cherchent à distinguer une lumière, on les voit, par des mouvements instinctifs, porter leurs yeux dans différentes directions où ils savent que l'objet n'est pas situé, en haut, en bas, en dedans, en dehors, comme s'ils cherchaient un point où les rayons lumineux devinssent perceptibles à la rétine. Cette hésitation, ce tâtonnement de l'œil, si l'on peut dire ainsi, ne semblent-ils pas déjà l'expression du sentiment instinctif de la faculté que posséderait l'œil de présenter à la lumière, suivant les différents besoins optiques, des points différents de la rétine ? Mais il y a plus ; chez plusieurs de ces individus, le degré d'obscurité n'est pas le même dans toutes les positions des yeux, et de faibles lueurs sont perçues précisément dans certaines positions où les rayons projetés par la lumière sont très-obliques par rapport à l'axe antéro-postérieur de l'œil. Enfin, nous avons rencontré des sujets présentant les signes ordinaires de l'amaurose, sans apparence d'aucun obstacle au passage des rayons lumineux, et chez lesquels l'œil, frappé de cécité complète dans la condition de la rectitude, se déviait pour le regard attentif et parvenait, après un moment d'hésitation, à trouver une autre position dans laquelle l'objet était assez nettement perçu. » (Quel dommage que M. Guérin n'ait pas dit ici qu'il eût positivement reconnu dans ce même instant l'exercice *binoculaire* et la vision simple, par épreuves successives des deux yeux dans la même position de convergence ! La science eût eu une observation positive de l'attention binoculaire s'exerçant sur un axe secondaire.)

M. Guérin termine en rappelant avec raison que la paralysie partielle de la rétine et le strabisme temporaire (qui en est la conséquence, ajoute-t-il), avaient déjà été signalés par plusieurs auteurs.

Cette dernière remarque est en effet exacte, et de nombreuses observations témoignent de la coïncidence fréquente de l'amblyopie grave (*amblyopia gravis*) avec le strabisme, et, chose notable, avec le strabisme divergent. Nous ignorons toutefois s'il a été établi un rapport mécanique précis entre ces deux affections. Pour le moment, bornons-nous à noter la coïncidence des deux circonstances morbides. Dans un relevé très-consciencieux et non moins savant de M. le docteur Pagenstecher (de Wiesbaden), nous trouvons pour une seule année, le strabisme divergent périodique lié 5 fois à l'amblyopie grave, sur 30 cas de déviation angulaire par divergence.

Ajoutons que ce chapitre encore nous rappelle, ainsi que le précédent, les faits curieux d'incongruence des rétines signalés par M. de Graëfe. C'est un chapitre ouvert, mais non encore clos ; l'histoire de ces cas d'incongruence est tout entière à faire.

CINQUIÈME LEÇON

(SUITE.)

ÉTIOLOGIE GÉNÉRALE DU STRABISME

§ **31.** — Étiologie générale du strabisme. — Coup d'œil historique sur l'étiologie du strabisme.

Il va nous être facile maintenant de discuter, et peut-être même de résoudre, une des questions qui ont, depuis qu'on s'occupe du strabisme, donné lieu aux plus longues controverses. Nous voulons parler de la détermination des causes de cette difformité. On sait que le point de départ étiologique le plus anciennement invoqué, le premier, comme théorie, est celui proposé par Buffon qui plaçait dans l'inégalité de force des deux yeux l'origine de la déviation de l'axe visuel.

Ce chef étiologique n'a pu résister à une étude attentive des faits. Il est tombé devant les résultats des premiers succès obtenus par la strabotomie. L'amélioration de la vision dans l'œil primitivement dévié, à la suite de l'opération, a démontré que non-seulement l'œil ne se déviait pas de nouveau, ce qui aurait dû avoir lieu, si l'inégalité de force visuelle avait été la cause de la disjonction des axes oculaires, mais que de plus le redressement l'améliorait. Cette proposition exclusivement théorique est tombée devant les faits : elle ne s'est plus relevée depuis cette chute devant la démonstration apportée par MM. Stromeyer, Guérin, Ch. Phillips, Bouvier, etc.

Le système musculaire contenait donc en lui le point de départ prochain et immédiat de la disjonction. Il était nécessaire de l'admettre, puisque la section d'un ou de plusieurs muscles suffisait à corriger la déviation, ou si elle ne la corrigeait pas, à la modifier dans un sens et dans des degrés évidemment en rapport avec le nouvel état relatif ou mutuel des muscles.

Mais à quel état des muscles, à quelle maladie de ces organes rapporterait-on cette cause prochaine? L'esprit devait se porter le plus naturellement sur les lésions du système musculaire qu'on rencontre le plus communément, et surtout à celles qui s'observent plus particulièrement dans la première période de l'existence : les contractures et les paralysies.

On sait toute l'importance qu'a su donner à la première de ces origines, M. Jules Guérin, en les assimilant complétement aux contractures qui donnent naissance aux difformités congénitales du tronc et des membres. Ce point de vue, brillamment développé par son auteur, a tenu jusqu'ici la première place, une place presque exclusive dans le cadre étiologique, malgré les objections qui lui ont été adressées lors des luttes violentes suscitées autour de la ténotomie sous-cutanée. M. Jules Guérin attribuait à la rétraction musculaire, à tous ses degrés, la cause la plus habituelle, presque exclusive même du strabisme. Il y comprenait, il est vrai, les forces désignées par lui sous les noms de rétraction et résolution paralytiques, lesquelles doivent assurément être rangées désormais dans l'ordre des paralysies.

Nous verrons plus loin, en analysant les statistiques établies depuis ces vingt dernières années, quelle part doit être faite, numériquement parlant, à cette lésion nerveuse ou musculaire qui se traduit par une contracture primitive. Bornons-nous, pour le moment, à enregistrer la possibilité incontestable de ce mode d'action.

La lésion contraire, la paralysie, il est superflu d'en montrer l'influence et la valeur. Les paragraphes qui précèdent ont suffisamment mis en lumière le double mécanisme de la production du strabisme pendant la période régressive de l'état paralytique. Nous y avons vu le strabisme direct, quoique consécutif, déterminé dans l'œil malade par la prédominance de l'antagoniste du muscle paralysé ; et en second lieu, le strabisme concomitant, produit dans l'œil sain par l'exagération forcée de la déviation secondaire.

En sus de ces deux grandes classes qui embrasseraient le plus grand nombre des cas de strabisme, on comptait parmi les causes de cette difformité les habitudes vicieuses du regard, l'imitation, les taies sur la cornée (dont l'analyse a donné lieu à la conception du strabisme optique, voir le § 28) et que quelques chirurgiens attribuaient déjà à sa vraie cause, la propagation de l'inflammation ou à ses conséquences directes ou réflexes.

Un affaiblissement amblyopique de la vision, allant presque jusqu'à l'amaurose, a été et est encore regardé comme pouvant déterminer la déviation de l'œil qui en est affecté. Cela ne surprendra pas et nous ne devons pas nous arrêter longtemps sur ce mécanisme ; si la loi qui régit la vision binoculaire et qui repose sur la convergence constante des deux axes optiques sur le point de mire, est une loi qui paraît certaine, il n'en est pas moins nécessaire, pour qu'elle s'exécute, que chaque axe optique puisse être mis en rapport avec un élément objectif. Sans objet commun offert aux deux yeux, peut-il en effet y avoir lieu à vision binoculaire ? un œil dépourvu d'images ou de sollicitations suffisantes n'a plus de raisons pour s'associer avec l'autre.

Il est enfin, en suivant l'ordre des dates, une sixième considération étiologique proposée en 1843 par M. Jules Guérin. C'est celle qui, sous le nom de strabisme optique consécutif, donnerait au système musculaire un rôle réparateur de la fonction optique préalablement troublée. Nous avons vu dans le § 28, comment M. Guérin concevait ce rôle réparateur joué par le système musculaire. M. Guérin le fait intervenir dans trois cas distincts. Dans le premier, le centre et une région partielle de quelqu'une des surfaces réfringentes, la cornée principalement, étant devenus le siége d'une opacité, l'axe optique polaire ne pourrait plus remplir son office et le système musculaire serait chargé de lui substituer un axe secondaire. Nous nous sommes expliqué sur le mérite physiologique de cette conception (voyez § 28).

Dans la seconde espèce de strabisme optique, M. Jules

Guérin comprenait des cas où la vision monoculaire est encore troublée et où le système musculaire opère une fonction de redressement.

Un exemple de cette forme est donné par l'auteur dans l'hypothèse d'une action mécanique qui aurait décentré le cristallin, déplacé ainsi l'axe du cône des rayons pénétrants et produit par là de doubles images. C'est alors qu'en déviant l'axe même du globe, le système musculaire, agissant par voie de compensation, replacerait la macula dans la direction de l'axe du cône desdits rayons pénétrants.

Comme conception théorique ce procédé de restitution est assurément logique ; mais que nous sachions, aucun exemple n'en a été observé ni décrit, et dès lors cette place dans le cadre étiologique doit être considérée comme simplement ouverte pour les observations futures.

La troisième espèce de strabisme optique se rapportait à l'insensibilité partielle de la rétine, à une paralysie localisée sur la macula. Le mécanisme en aurait encore un objet réparateur et tendrait à substituer un axe secondaire à l'axe optique polaire annulé. Nous aurions une tendance naturelle à admettre la substitution possible, dans des cas de cette sorte, d'un axe secondaire à l'axe polaire ; mais nous devons avouer qu'aucun fait bien démontré n'est encore venu à l'appui de cette doctrine, et qu'au contraire les faits opposés se comptent par milliers. Jusqu'à démonstration bien positive nous rangerons les faits de cette catégorie, sur lesquels a pu porter l'observation de M. Guérin, comme devant être rattachés à ces amblyopies graves dont nous avons parlé dans le paragraphe précédent; ou bien encore aux cas d'incongruence des rétines observée par M. de Graëfe, mais qui réclament encore un supplément d'observation.

Il est une autre sorte de strabisme optique de récente introduction dans la science et que nous avons analysée dans les premiers chapitres de ce travail. Vous comprenez, Messieurs, que je veux parler ici des déviations attribuées par M. Donders à l'hypermétropie et à la myopie. Je ne reviendrai pas sur les considérations longuement développées qui ont fait succéder à la sympathie la moins ambiguë non le doute, mais quelques modifications dans le mécanisme.

Vous vous rappelez, Messieurs, comment, conduit par l'analyse stricte des phénomènes, nous avons été forcé de reconnaître dans le strabisme convergent, lié en effet le plus souvent à l'hypermétropie, la conséquence exclusive d'une simple insuffisance des muscles droits externes ; comme dans le strabisme divergent, qu'on rencontre avec la myopie, l'effet, si bien établi par M. de Graëfe, d'une insuffisance primitive des muscles droits internes.

Notre tâche est désormais facile, et après ce résumé la classification étiologique du strabisme se posera, pour ainsi dire, toute seule. Tout ce long travail n'a-t-il pas mis hors de doute le fait suivant : *tout strabisme a pour cause prochaine un trouble primitif ou consécutif, congénital ou survenu dans les rapports réguliers de longueur des muscles* de la divergence ou de la convergence, ou de toute autre direction des mouvements.

§ 32. — Étiologie. — Proportionnalité étiologique.

Si l'on a bien compris l'esprit tout entier de ce travail et les enseignements qui ressortent de la longue étude dont nous sommes redevables principalement à la savante école de Berlin, c'est dans cette disproportion de longueur primitive ou consécutive que nous placerons désormais la cause prochaine, mécanique, d'une difformité, d'une anomalie toute mécanique elle-même.

Les causes secondaires, ou plutôt primitives par rapport à cette cause prochaine, celles qui l'ont déterminée, nous pourrons les ranger sous cinq chefs distincts :

1° Les perturbations, les anomalies de structure ou de proportions qui ont modifié le développement régulier de l'organe, et auxquelles on doit attribuer la production des anomalies observées concurremment dans l'état de la réfraction de l'œil, comme l'hypermétropie et la myopie. Dans ces cas, le strabisme commence par être périodique, et, par le mécanisme que nous avons développé, finit par devenir permanent;

2° Ces mêmes disproportions de longueur reconnaîtront encore pour causes éloignées sous le chef de contractures, rétractions spasmodiques ou permanentes, rétractions, résolutions paralytiques, toutes les maladies d'origine cérébrale de la vie intrà-utérine ou de la première enfance, et dont le système musculaire porte si fréquemment témoignage. Telles sont les convulsions partielles ou générales, les maladies vermineuses, l'éréthisme de la dentition, les fièvres à fond toxique ou septique, etc., etc.;

3° Les affections paralytiques d'un âge plus avancé, et où le strabisme concomitant succède, comme nous l'avons exposé, à la paralysie d'un ou de plusieurs muscles, par suite d'une nutrition prolongée de ces muscles ou de leurs antagonistes pendant un état de déviation primitive ou secondaire;

4° Viennent ensuite les raccourcissements à mettre à la charge des affections inflammatoires qui ont frappé directement le muscle (traumatisme) ou qui se sont étendues jusqu'à lui par voie de contiguïté, comme dans les taies de la cornée, l'ophthalmie tarsienne, etc...

5° Les inégalités rendues permanentes, par une nutrition prolongée pendant les habitudes vicieuses du regard, comme chez les très-jeunes enfants soumis pendant longtemps à l'attraction d'une lumière très-oblique.

6° Rappelons enfin ici l'amblyopie grave, et nous aurons dans ces six chefs les titres étiologiques, moins du strabisme, que de sa cause immédiate et prochaine, la disproportion de longueur musculaire, son expression fondamentale.

Proportionnalité étiologique. — Si l'on demandait maintenant quelle est l'influence proportionnelle de chacune de ces causes déterminantes, nous ne pourrions donner que des chiffres fort peu précis. N'oublions pas que c'est là une étude qui commence.

Néanmoins nous pouvons citer ici quelques-uns des résultats recueillis par les auteurs les plus autorisés. Ainsi Mackensie énonce que sur *cent* cas de strabisme, *cinq* à peu près sont divergents, tous les autres sont convergents. Sur *deux cents* cas recueillis et étudiés à ce point de vue étiologique, par Radcliffe-Hall, nous trouvons trente cas, ou environ 15 0/0, à rapporter à des affections spasmodiques;

2° A mettre au compte des inflammations amenant consécutivement le raccourcissement musculaire, encore 15 0/0;

3° Aux habitudes vicieuses du regard, 7 0/0;

4° A l'amblyopie grave, 5 0/0;

5° *Aux causes inconnues*, auxquelles nous joindrons le chef «imitation» qui nous paraît devoir être pour le grand nombre rattaché aux vices optiques ou plutôt aux insuffisances, quatre-vingt-dix-huit cas sur 200, ou 50 0/0.

Ces 50 0/0 comprennent, il est bien évident, les strabismes périodiques, si bien étudiés par MM. de Graëfe et Donders, et qui n'ont pu jouer aucun rôle dans cette classification, par cette excellente raison que leur histoire n'était pas encore établie.

Si nous mettons en regard ces chiffres de sources différentes, l'accord est facile entre eux au moyen de très-légers sacrifices de part et d'autre.

Les causes inconnues de M. Radcliffe-Hall, et qu'il trouve au nombre de 50 0/0, affectons-les au strabisme périodique de MM. de Graëfe et Donders, en lui ajoutant un dixième ou en retranchant un cinquième aux chiffres de ces derniers, nous aurons :

Insuffisances primitives des droits internes ou externes.	55 0/0
Affections spasmodiques et paralysies..................	15 »
Ophthalmies, taies, traumatisme, etc..................	15 »
Amblyopie grave..................	5 »
Habitudes vicieuses du regard	5 »
Causes inconnues..................	5 »
	100 0/0

Tableau approximatif, mais qui fixera avantageusement l'observateur sur les principaux titres étiologiques qu'il peut avoir à rechercher.

On voit que nous avons écarté d'une manière absolue l'inégalité de portée des yeux du cadre étiologique du strabisme, nos expériences personnelles ne nous ayant jamais permis de dissocier nos axes optiques, quelle que fût la différence que nous apportassions à l'état relatif de la réfraction dans nos deux yeux par les verres concaves et convexes employés simultanément; dissociation qui devenait au contraire très-facile aux deux limites du champ de la vision, par l'addition du moindre prisme plaçant nos muscles dans l'état d'insuffisance relative. Nous n'avons point non plus compris dans la qualification de strabisme les déviations passives de l'œil tout entier sous l'influence d'une cause mécanique extérieure, comme une tumeur orbitaire. Comme l'a fait très-justement remarquer notre savant confrère M. Guérin, on ne doit entendre par le mot strabisme que le changement de direction de l'axe de l'œil par suite de circonstances ayant dans l'organe même leur raison d'être, et non des faits étrangers qui affectent non pas la direction de l'œil seulement, mais l'œil lui-même.

Les signes diagnostiques différentiels de cette déviation passive se puiseront dans les circonstances mêmes observées dans le voisinage du globe oculaire, et seront corroborés par la possibilité d'imprimer des mouvements au globe en agissant directement sur lui, quand il est impuissant à se mouvoir spontanément.

SIXIÈME LEÇON

THÉRAPEUTIQUE DU STRABISME

§ **33.** — Thérapeutique du strabisme. — Si le strabisme n'est, en définitive, que la manifestation symptomatique d'une disproportion entre les longueurs musculaires, la ténotomie est, comme conséquence logique et comme fait d'expérience, le vrai moyen de rétablir le balancement harmonique de ces longueurs musculaires.

Messieurs,

La conclusion générale, absolue (importante en cela) — des discussions qui précèdent, c'est que tout strabisme permanent ou périodique reconnaît pour cause prochaine une insuffisance musculaire, d'un côté, ou une brièveté relative de l'autre.

D'une manière générale, on peut donc dire également que la première indication thérapeutique qui doive s'offrir à nous, c'est la nécessité de rétablir le balancement normal et régulier des longueurs musculaires, de telle sorte que la position moyenne du globe corresponde à cet état d'association des axes optiques qui tient la situation moyenne entre l'angle de convergence, en rapport avec le maximum d'accommodation binoculaire, et le parallélisme des axes optiques.

L'expérience propre et si vaste de M. de Graëfe l'a conduit à prendre, pour cette situation moyenne, la convergence sur une distance de 6 pouces (quelquefois de 8). C'est sur un objet placé dans le plan médian vertical, à cette distance de 6 pouces, que l'illustre professeur conseille de faire fixer les regards pour mesurer l'angle de la déviation strabique, et par suite l'allongement qu'il importe de procurer au muscle raccourci.

Si l'on veut jeter les yeux sur le tableau des angles croissants de convergence que nous avons annexé au § 23, on peut voir que cette distance est bien celle, en effet, qui correspond à la moyenne du parcours du globe dans le sens de la convergence ou, au contraire, du côté du parallélisme.

Parmi les moyens de rétablir ce balancement entre les longueurs musculaires, celui qui tient le premier rang, et dont l'étude n'a plus aujourd'hui besoin de matériaux anatomiques nouveaux, tout le monde l'a nommé, c'est la ténotomie.

Si, à côté de cette méthode qui, malgré son discrédit actuel dans notre pays, est une vraie conquête de ce siècle, on peut placer, pour certains cas relativement rares, l'emploi d'une certaine gymnastique musculaire de l'œil (celle qui repose sur l'usage de prismes parfaitement appropriés), il est toutefois acquis et incontestable aujourd'hui que la section du muscle est encore la vraie, peut-être la seule méthode assurée dans l'immense majorité des cas.

Nous nous occuperons donc, avant tout, de cette méthode, qui est en définitive le moyen suprême et général de remédier à la difformité qui nous occupe.

Parlerons-nous de son historique ?

C'est là peut-être remuer des cendres bien chaudes encore. L'histoire ne manquera pas de tous les éléments propres à se fixer : les recueils de l'époque regorgent à cet égard.

Cependant, pour ne pas nous retrancher dans une réserve par trop prudente, et pour rendre à ch·cun la justice qui nous paraît due, nous reproduirons ici les quelques lignes dans lesquelles M. Pétrequin résumait lui-même, en 1840 (1), les faits qui lui semblaient acquis sur ce point délicat de controverse. L'opinion formulée par M. Pétrequin nous a paru l'expression la plus concise et la plus vraie de ce débat, et de la solution qu'il comporte.

« Pressentie (la myotomie oculaire) par M. Jules Guérin (2),

(1) *Annales d'oculistique.*
(2) *Gaz. médicale*, 1840, nº 27.

de l'aveu de MM. Florent Cunier (1), Baudens (2), Beger (3), etc., etc., elle n'a été formulée que plus tard. C'est en 1838 que Stromeyer en a donné la première indication dans son *Orthopédie opératoire ;* c'est le 29 octobre 1839 que M. Florent Cunier, de Bruxelles, a pratiqué la première opération sur le vivant (4); c'est-à-dire quelques jours avant M. Dieffenbach (5), qui lui a donné une extension européenne (6). »

§ 34. — Processus de la réparation anatomique après la strabotomie.

Si le rétablissement, par intervention chirurgicale, de la proportionnalité voulue entre les longueurs musculaires opposées est l'indication générale à remplir en présence d'une déviation strabique, la nécessité qui s'impose à nous maintenant est de préciser les indications de cette opération suivant l'espèce de strabisme, ainsi que de décrire les procédés opératoires auxquels le temps et l'expérience de ces vingt années d'existence de la méthode doivent assurer la prééminence.

Ces questions exigent, pour être nettement résolues, que nous jetions auparavant un coup d'œil sur le mécanisme anatomo-pathologique et physiologique de la réparation, de la reconstitution des rapports réguliers que l'on se propose d'établir à nouveau entre le muscle et le levier (le globe). Nous vous demandons la permission de faire avec vous cette revue rétrospective.

De grands débats sur ce point ont occupé les esprits pendant la première phase de la strabotomie, et l'opinion qui a le plus passionné les esprits est la suivante :

Se fondant sur l'observation de ce qui se passe, en général, lors de la réparation des tendons et des muscles, après la téno-

(1) *Ann. d'ocul.*, mai et juin 1840.

(2) Baudens, *Gaz. des hôpitaux*, 9 janv. 1841.

(3) Schmidt's *Jahrbücher*, décembre 1840.

(4) *Ann. d'ocul.*, t. III, 1840, p. 96 et 190.

(5) Voy. les *Lettres à l'Acad. des sciences*, séance des 3 février et 25 mai 1840.

(6) Pétrequin, *Nouvelles Recherches sur la myotomie oculaire appliquée à la cure du strabisme* (*Ann. d'oculist.*, t. IV, p. 258.)

tomie sous-cutanée, le célèbre auteur de cette méthode avait avancé qu'après la myotomie oculaire, les choses s'accomplissaient de même, que les portions séparées du muscle divisé se réunissaient par l'interposition d'un tissu de nouvelle formation, dont la dimension additionnelle ajoutait au muscle ainsi interrompu la longueur qui lui manquait. Cette opinion était non-seulement rationnelle, mais encore philosophique; c'était la simple application, la conséquence régulière d'une loi générale.

La physiologie expérimentale directe, les expériences instituées sur des animaux, par MM. Lucien Boyer, Pétrequin, Amussat d'une part; de l'autre l'anatomie pathologique, c'est-à-dire les autopsies pratiquées en France (Lucien Boyer, Lenoir), en Angleterre (Hewett, Babington), en Allemagne (de Graëfe), sur des sujets anciennement opérés du strabisme, ne permettent pas aujourd'hui de maintenir cette manière de voir. La généralité des chirurgiens, M. de Graëfe entre autres, qui a pratiqué un si grand nombre d'opérations, admet comme démontré qu'il n'y a point ordinairement de réunion avec l'insertion musculaire primitive, c'est-à-dire avec le tronçon tendineux qui serait resté en avant; mais que l'opération *consiste réellement et uniquement à donner au muscle* une insertion nouvelle, située en arrière de l'insertion primitive. Le muscle, avec sa longueur première, diminuée seulement de celle du fragment tendineux demeuré adhérent au globe, se greffe à la sclérotique par son extrémité libre, plus ou moins en arrière du point qui était antérieurement en rapport avec le lieu où la section a été pratiquée.

Ajoutons toutefois que des chirurgiens (Hewett, de Graëfe) ont trouvé parfois une bride de tissu cellulaire unissant la portion postérieure du muscle à son insertion tendineuse, à l'endroit où celle-ci avait existé primitivement. Cette bride peut assurément être considérée comme un tissu de nouvelle formation intercalé entre les tissus divisés. Ces conditions ont été observées surtout quand la plaie a été recouverte par la conjonctive réunie par un point de suture, ou l'opération pratiquée par la méthode sous-conjonctivale. Cette observation justifie les aperçus *à priori* de M. Jules Guérin, et légitime ses inductions au point de vue théorique ; mais, *dans le fait*, ce mode de réparation est rare, et quand il se rencontre, on voit qu'il ne remplit pas l'objet que se proposait l'opérateur. Cette bride, en effet, n'a eu qu'un rôle secondaire ; les cas où on l'a trouvée sont ceux qui n'ont point réussi, où le muscle, retiré plus ou moins profondément dans sa gaîne, n'est plus en contact avec le globe, par suite de la rupture ou de l'insuffisance des adhérences premièrement contractées avec le globe. L'œil a été entraîné dans la déviation opposée, et le résultat est contraire à l'objet même de l'opération.

En pratiquant la strabotomie, le chirurgien doit donc avoir présent à la pensée le mécanisme de la réparation : *Remédier à la brièveté d'un muscle en reportant plus ou moins en arrière son extrémité tendineuse antérieure.*

§ 35. — Des conditions que doit remplir la strabotomie.

Nous empruntons à M. de Graëfe le résumé qui suit des conditions qui doivent présider à l'opération de la strabotomie.

« Ce principe posé, le mode qu'il convient de suivre pour la strabotomie est naturellement indiqué. Laisser en avant un tronçon tendineux ne peut avoir d'autre résultat que de raccourcir inutilement le muscle, dont nous avons déjà la trop grande brièveté à craindre. Il faut donc instamment recommander de couper le muscle très-près de la sclérotique. Il ne saurait plus être question, de nos jours, de pratiquer la section très en arrière. Il est établi que les muscles percent obliquement la capsule de Ténon, à quelques lignes en arrière de leur insertion, et que de la conservation des brides celluleuses qui résultent de cette disposition dépend le *retrait modéré* des muscles, qui, sans cela, perdraient toute action sur le bulbe. Mais il faut déjà craindre un insuccès quand on pratique la ténotomie en avant de ces brides, mais trop loin de l'insertion scléroticale. Il existe une lame de tissu cellulaire qui double la gaîne des muscles, et qui en revêt la face scléroticale, depuis l'endroit où ils percent la membrane de Ténon jusque tout près de leur insertion antérieure (1). Lorsque la section du tendon n'est pas faite assez en avant, le tendon se retire sous l'influence de la lame celluleuse qui épaissit la gaîne du muscle, ce qui doit, dans beaucoup de cas, empêcher la formation d'une nouvelle insertion. Il est vrai qu'il n'en résultera pas la perte complète du mouvement, si les brides latérales du muscle ont été respectées ; il faudrait que la membrane de Ténon elle-même eût été largement incisée latéralement (c'est-à-dire parallèlement à la longueur du muscle et des deux côtés de celui-ci), pour qu'elle ne suppléât pas en partie au retrait du muscle. On peut se convaincre, en effet, immédiatement après la strabotomie, que lorsque le muscle est séparé de la sclérotique, l'influence directe de la capsule de Ténon suffit pour rendre possible la plus grande partie des mouvements. Cette action cesse aussitôt que la capsule est divisée à côté du muscle. Elle est alors tellement mobile sur la sclérotique, que l'impulsion musculaire ne se communique au bulbe que très-imparfaitement, ou même pas du tout. »

Ces conseils se résumeront dans la formule suivante :

« La strabotomie doit donc consister en un déplacement du *tendon* en arrière, en conservant au muscle toute sa longueur, c'est-à-dire en le coupant le plus près possible de son insertion antérieure (2). » (DE GRAËFE.)

§ 36. — Résultats mécaniques de la strabotomie.

Le premier effet de la greffe d'un tendon, fraîchement incisé, en un point du globe en arrière du premier, est d'augmenter la mobilité première d'une étendue circonférentielle égale à l'arc qui mesure ce déplacement. Ajoutons que cette mobilité s'accroît ainsi au profit du côté opposé, puisque la

(1) Bonnet, *Des sections tendineuses et musculaires dans le strabisme, la myopie, la disposition à la fatigue des yeux*. Lyon, 1841, in-8°.

(2) *Archiv für Ophthalmologie*.

longueur du muscle déplacé est supposée la même (en faisant abstraction du petit bout de tendon sacrifié).

Le bulbe optique dévie donc du côté du muscle antagoniste, à peu près de l'arc dont le tendon a été reporté en arrière.

Il résulte de là que pour faire disparaître une déviation donnée, ou augmenter la mobilité du globe dans un sens, et d'une étendue déterminée, il faudra reporter le tendon opposé en arrière, et autant que possible d'une étendue égale à celle de la déviation.

C'est ce que l'on nommera le dosage de la ténotomie.

Rien de plus simple d'ailleurs que la mensuration de l'étendue de la déviation.

« On fera regarder fixement par le sujet un objet présenté sur la ligne médiane à la distance correspondant à la position moyenne entre la convergence et le parallélisme. Cette position sera ultérieurement fixée. La cornée de l'œil sain se trouve alors à peu près au milieu de la fente palpébrale. On marque alors sur le bord de la paupière inférieure de cet œil le point qui correspond au centre de la cornée, et qui, probablement, est affleuré par le bord de cette membrane ; puis on cherche, par la mensuration, le point symétrique qui y correspond dans l'œil strabique. En même temps, on détermine sur ce dernier le point de la paupière inférieure qui correspond au centre de la cornée. La distance entre ces deux derniers points donne la valeur de la déviation. » (De Graëfe.)

Nous verrons tout à l'heure que malheureusement il ne sera pas aussi complétement facile de mesurer exactement le recul du tendon. Nous ne pourrons y arriver qu'approximativement. Mais n'anticipons pas.

§ 37. — Valeurs linéaires des angles de déviation.

Nous voilà donc amenés à mesurer les degrés de déviation auxquels il faut remédier, afin de régler là-dessus, autant qu'il sera en nous, l'étendue des déplacements des insertions musculaires.

Dès lors, il nous faut une unité commune pour mesurer ces quantités.

M. de Graëfe prend pour unité l'arc sclérotical ou palpébral (c'est tout un, ils sont en parfait contact), qui mesure une ligne de Paris. Cet arc d'une ligne, mesuré sur la sclérotique, correspond à un angle au centre de 13° (1).

1^l 1/2 mesurera	un angle	de	19°
2^l	—	—	26°
2^l 1/2	—	—	32°
3^l	—	—	39° ou 40°.

Ces données numériques pourront être plus tard de quelque utilité.

§ 38. — Détermination de la position moyenne de l'axe optique, ou *du balancement régulier* des longueurs musculaires.

Nous avons dit prématurément plus haut que M. de Graëfe indiquait la distance de 6 à 8 pouces comme la convergence qu'il conseillait de choisir pour fixer la position moyenne sur laquelle on doit étalonner le degré de la déviation. Nous avons fait voir aussi, dans les développements donnés antérieurement à ce sujet, que ce point était, en effet, celui qui correspond, pour un œil moyen, à un exact balancement entre les longueurs musculaires, et tel qu'il convient pour faire parcourir à la pupille l'étendue angulaire qui sépare l'extrême convergence du parallélisme des axes optiques.

Or, il faut remarquer que ce que la mobilité a gagné du côté du muscle conservé, elle a fait plus que le perdre du côté du muscle coupé; cela n'est pas, comme il semblerait à première vue, en contradiction avec ce que nous avons dit plus haut, en parlant de l'étendue linéaire augmentée par l'opération entre les insertions antérieures des deux muscles antagonistes. Géométriquement, l'arc gagné d'un côté est exactement celui perdu de l'autre. Mais il y a un autre élément dans la question : l'in-

(1) La demi-circonférence a pour mesure $\pi r = 0^m,0314$ ou $1° \, 0^m,000175 = 0^{mm},175$; ce qui donne $10° = 1^{mm},75$ ou $10° = 1^{mm},75$.

Or $1^l = 2^{mm},25$; 1^l équivaut donc à 13°.

nervation musculaire. Or, le déplacement effectué dans l'opération a changé le rapport de cette innervation entre les deux antagonistes, et le changement effectué est au détriment du muscle coupé.

C'est par ces considérations que M. de Graëfe rend compte d'un fait physiologique qu'il a été à même d'observer dans les nombreux cas qui ont passé sous ses yeux : à savoir, que « la puissance de contraction du droit interne de l'œil sain augmente ordinairement dans le strabisme convergent, et que le contraire a lieu pour le droit externe. »

Or, lorsque la strabotomie a été accomplie, cette proportion est renversée dans l'œil opéré ; le droit externe, lors des mouvements associés, reçoit par le fait de l'habitude une impulsion nerveuse plus forte, et l'arc parcouru est ainsi supérieur à ce qu'il devrait être d'après le déplacement de l'objet visé. »

Il suit de là que si l'on déplace le muscle sectionné d'une quantité égale à la déviation, mesurée d'abord, on place le muscle coupé dans une situation d'insuffisance relative. Pour la vision des objets rapprochés, il est donc à craindre que la convergence ne puisse pas arriver à sa limite rapprochée normale.

Pour éviter cet inconvénient, il faut donc donner au déplacement musculaire une étendue moindre que l'arc de la déviation primitive.

Un autre ordre de réflexions vient corroborer les précédentes.

L'insuffisance musculaire fait bien plus sérieusement sentir ses effets dans les mouvements d'accommodation que dans les mouvements associés des axes des globes. Les données acquises à la science par les travaux de M. Donders sur les rapports qui existent entre l'accommodation et la convergence, font comprendre aisément cette influence. Dans le strabisme concomitant pur, il n'y a pas lieu à s'occuper de cette influence, parce qu'il est d'observation encore que, dans cette condition, les rapports normaux entre la convergence et l'accommodation ont complétement disparu, pour toutes les directions, en même temps que la vision binoculaire.

Mais il y a lieu de s'occuper de ces rapports dans le strabisme intermittent, car on risquerait de substituer à une insuffisance du droit externe, une insuffisance contraire ou réciproquement.

Mais comment évaluer à l'avance des relations aussi délicates? Comment déterminer la fraction de ligne qu'il faudra supprimer sur l'étendue de la déviation, pour connaître la mesure de déplacement à faire subir à l'insertion musculaire?

Ce serait vouloir trop demander à la théorie que de lui poser cette question, dont tous les éléments sont renfermés dans l'appréciation, évidemment hors de notre atteinte, des quantités relatives d'influx nerveux distribuées dans ces circonstances, aux muscles dont la position relative doit être modifiée.

Mais l'observation a appris à M. de Graëfe quelle est en général l'influence d'une opération déterminée sur la position moyenne, et c'est à l'expérience qui résulte de cette observation qu'il faudra nous en rapporter dans la pratique.

§ 39. — Dosage empirique de la ténotomie.

La question pratique qu'il y a lieu de poser maintenant est donc la suivante :

Par quel procédé obtiendra-t-on un redressement d'une étendue donnée, et aura-t-on une insuffisance musculaire minima.

Une observation prolongée a permis à M. de Graëfe de l'établir comme il suit :

La section *simple* du tendon, ras son insertion, comme dans l'opération de Critchett, donne un effet moyen de 1[l] 1/2 à 2 lignes ;

2° Veut-on procurer un effet de 2[l] à 2[l] 1/2, il faut ouvrir plus largement le *tissu cellulaire*, découvrir complétement le tendon du muscle et prendre un crochet plus gros ;

3° Veut-on augmenter l'effet, il faut inciser la conjonctive *transversalement* et faire regarder du côté opposé quelques heures après l'opération.

(Dans le strabisme divergent, ce moyen est de rigueur, parce que les effets sont moins prononcés. L'abducteur s'insère plus en arrière à la sclérotique que les autres muscles; lorsqu'on le déplace, il perd relativement moins de sa puissance.)

Chez les enfants, les muscles coupés se déplacent ordinairement d'une quantité plus grande que chez les adultes. Le simple recul de l'insertion musculaire équivaut de 2 1/2 à 3 lignes.

3° De 4 à 6''', il faut opérer successivement le malade à plusieurs reprises; on sectionne, la deuxième fois, l'insertion de nouvelle formation et les brides celluleuses, quelques semaines ou quelques mois après la première opération.

L'effet est difficile à calculer; il est généralement beaucoup plus grand qu'on ne pourrait le supposer *à priori*.

Cette seconde méthode est très-délicate à mettre en pratique;

4° On peut obtenir un déplacement de plus de 3 lignes par une seule opération, en incisant largement la capsule au-dessous et au-dessus du muscle, et coupant, à coups de ciseaux, les adhérences parallèlement au muscle.

Mais dans ce cas-ci, le vrai moyen réside dans une deuxième opération pratiquée à l'œil sain.

5° Au delà de 3 lignes, il faut agir sur l'œil sain, en même temps que sur l'œil strabique.

Au-dessous de 3 lignes, ce peut encore être une règle à suivre, si les mouvements des deux yeux sont symétriques, et si le strabisme est alternant.

Le meilleur redressement à obtenir dans les cas pour lesquels on ne peut pas rétablir la vision binoculaire, est celui qui donne *une convergence d'une ligne* pour la position moyenne à 8 pouces; c'est là l'effet cosmétique le plus parfait.

L'enfoncement de la caroncule suit toujours un déplacement très-étendu du muscle droit interne. On se trompe quand on croit que ce phénomène ne dépend que de l'entre-bâillement de la plaie conjonctivale et du recul du lambeau interne de la conjonctive, et qu'il suffit d'une suture de la plaie conjonctivale pour le prévenir. M. de Graëfe l'attribue à l'action du tissu cicatriciel établi entre la conjonctive et le muscle, action d'autant plus prononcée dans ses effets que le déplacement a été plus considérable.

A moins de déviations de 5 à 6 lignes, il ne faut jamais recourir à un deuxième déplacement sur un œil ; il faut opérer l'œil sain.

Il faut encore opérer l'œil sain, toutes les fois que la déviation secondaire (qui s'observe encore quelque temps après l'opération) n'a pas fini par disparaître d'elle-même au bout dequelques mois.

Il ne faut pas opérer les deux yeux à la fois, afin de bien juger du premier résultat.

Cette règle n'est pourtant pas de rigueur pour les déviations de 5 à 6 lignes, pour lesquellés il n'est guère à craindre d'avoir un effet trop prononcé.

§ 10. — Type de la méthode opératoire ; application au minimum du déplacement. — Procédé de Critchett.

Quant au manuel opératoire à suivre, les considérations dans lesquelles nous sommes entrés à propos du dosage de la ténotomie, nous dispenseront de bien longs développements.

Si nous n'avons qu'un degré extrêmement faible d'insuffisance à combattre, une simple petite plaie de la conjonctive au-dessus de l'insertion du muscle a quelquefois suffi.

Cependant, il serait imprudent de trop compter sur ce faible moyen, et pour peu qu'on ait besoin d'un déplacement d'une ligne, on emploiera le procédé de Critchett, qui sera encore le plus sage jusqu'à une ligne et demie ou deux lignes.

La grosseur du crochet introduit sous le tendon fera la différence des deux résultats.

Le procédé de Critchett est décrit partout : nous reproduirons ici la rapide description que nous en avons donnée (1).

(1) *Compte rendu de notre excursion ophthalmologique de* 1862 (*Gaz. méd. de Paris*, 1862, n° 46.)

« Méthode de Critchett :

« Après avoir fixé l'œil au moyen de l'ophthalmostat à ressorts de Snowden, le chirurgien saisit légèrement avec une pince la conjonctive toute seule, *sous* le rebord inférieur de l'extrémité tendineuse antérieure, à peine à 3 ou 4 millimètres de la cornée. Un très-léger coup de ciseaux entame la partie saisie et y fait une ouverture de 2 à 3 millimètres (pas davantage). Sans abandonner la conjonctive saisie par la pince, et à travers cette petite ouverture, les extrémités des ciseaux, qui portent toutes les deux un petit bouton, comme la branche mousse des ciseaux de Maunoir, entament de la même manière la fibreuse. Un crochet est alors introduit dans ce petit trou, et va glisser sous le tendon. Les lames des ciseaux très-fins (boutonnées) sont introduites alors par la même ouverture; on les fait glisser sur le crochet qui sert de guide, l'une au-dessus, l'autre au-dessous du tendon, et on en pratique la section à petits coups au-dessous de la conjonctive. Il faut avoir soin de couper un peu au-dessus et au-dessous du tendon, s'il y a des parties rétractées dans le tissu cellulaire. »

M. de Graëfe suit cette même méthode, avec cette exception qu'il ouvre plus largement la conjonctive et la fibreuse, et opère à ciel ouvert.

Dans les cas où un déplacement plus grand devra être procuré, on suivra scrupuleusement les règles établies par M. de Graëfe sur une longue expérience. Nous renvoyons au § 39.

Lorsqu'on aura le temps de préparer son malade, et que l'acuïté et la portée de la vue permettront d'espérer le retour de la vision binoculaire, il sera sage de lui prescrire pendant quelques semaines, et préalablement à l'opération, l'exercice isolé de l'œil strabique. Ce que la fonction a perdu par le seul défaut d'exercice, elle pourra le recouvrer en partie par cette préparation, et l'on aura alors pour la période d'équilibration des données précieuses et qu'on devra employer à son profit, si l'on ne veut pas qu'elles opèrent en sens inverse.

§ 41. — Cas de la section du droit externe.

Les règles que nous venons de tracer sont celles qui concernent le strabisme convergent, la ténotomie du droit interne.

Quand il s'agit du strabisme divergent et de la section du droit externe, les règles sont bien moins précises. C'est ici qu'il importe de se faire une idée exacte du véritable degré de la déviation, de différencier ce qui appartient à l'insuffisance première, de l'effet produit secondairement par le mouvement automatique qui débarrasse des images doubles. Le traitement préalable par les prismes amène les choses au degré convenable. (Voir le § 78.)

Cela posé, et la déviation ramenée aux éléments mêmes de l'insuffisance mécanique, on tiendra compte des résultats suivants obtenus par M. de Graëfe.

« Les déviations de peu d'étendue réclament une ténotomie incomplète, pratiquée sur un seul muscle ; celles d'une étendue moyenne exigent la section partielle des deux muscles ; il ne faut faire la section complète que pour les cas très-graves. »

§ 42. — Le caractère essentiel auquel on doit s'attacher est moins la diminution immédiate de la déviation, que celle de la mobilité du côté du muscle opéré.

Le caractère essentiel auquel doit s'attacher l'opérateur, suivant M. de Graëfe, est moins la diminution immédiate *de la déviation*, que celle de la *mobilité* du côté du muscle coupé.

C'est sur ce caractère que doit plutôt porter l'attention, car il est constant, à moins d'existence de brides fibreuses ou de secondes attaches postérieures du muscle au bulbe. Il faut donc comparer immédiatement cette mobilité, soit avec celle de l'œil sain, soit avec le résultat de la mensuration qu'on a dû avoir soin de pratiquer sur l'œil à opérer, avant de commencer l'opération.

Après toute opération par laquelle on cherche à obtenir un effet moyen, la diminution de la mobilité doit être environ de

2 lignes 1/2 sur l'état antérieur, et de 1 ligne 1/2 eu égard à l'œil sain.

Lorsque cet effet n'est pas obtenu, c'est un signe que quelques fibres n'ont pas été divisées ; il n'y a pas à hésiter à réintroduire le crochet et à exciser ces fibres.

L'étude de la mobilité est surtout importante dans le cas de strabisme divergent.

« Lors de la ténotomie pour le strabisme divergent, le mouvement associé n'a pas le pouvoir qu'on lui voit développer dans le convergent ; l'œil a une tendance bien plus forte à garder son ancienne position : si nous n'avions pas la diminution de la mobilité en dehors, comme moyen de contrôle, le redressement incomplet qui suit immédiatement la section du droit externe pourrait induire en erreur, et faire croire que la section du tendon a été incomplète. Le changement de position ne se fait que dans les vingt-quatre heures, lorsque le patient porte ses regards du côté opposé.

« La chloroformisation gêne beaucoup quand il faut apprécier l'effet immédiat de l'opération. Aussi longtemps que l'anesthésie existe, elle diminue le degré de convergence qui pourrait rester et augmente même la divergence ; il faut donc attendre un parfait réveil pour juger du résultat.

« Quand la mobilité a diminué de plus qu'il ne faut, c'est que la capsule de Ténon a été trop largement incisée, ou qu'elle a été détachée dans une trop grande étendue de la sclérotique. On doit alors restreindre l'effet par une suture, même quand la position médiane paraît tout à fait satisfaisante. »

Une bonne guérison n'est possible qu'à la condition d'éviter les insuffisances musculaires. » (DE GRAËFE.)

SEPTIÈME LEÇON

THÉRAPEUTIQUE DU STRABISME.

(SUITE.)

§ 43. — Étude de la reconstitution de la fonction pendant la période de réparation.

Il ne suffit pas d'avoir sectionné le muscle, relativement trop court ; quelque fidélité qu'on ait apportée à suivre les règles que nous venons de reproduire, règles si minutieusement élaborées par le savant professeur de Berlin, la tâche du chirurgien est loin d'être terminée.

Il s'agit, en effet, d'étudier la marche de la réparation, non plus au point de vue de la physiologie anatomique, du processus de reconstitution, de réunion du muscle au bulbe, mais sous le rapport des *effets fonctionnels.*

Il y a bien un effet immédiat produit, et cet effet, nous supposerons qu'il est tel que nous avions l'intention de le produire, tant sous le rapport de la correction de la déviation primitive, que sous celui du déplacement éprouvé par le milieu de l'arc de la mobilité. Mais cet effet sera-t-il permanent, durable, ou simplement passager?

Les recueils d'observations sont pleins de ces cas où l'axe de l'œil strabique étant redressé immédiatement après l'opération et plus ou moins longtemps après elle, se voit, ultérieurement, de nouveau dévié dans un sens ou dans l'autre. Il y a donc bien lieu à poser, pour le pronostic, quelques questions nouvelles, propres au moins à servir d'indications:

Un excellent observateur, Böhm, avait déjà distingué trois périodes fréquemment observables dans la guérison : *une première*, pendant laquelle un œil, opéré de strabisme convergent, se porte légèrement en dehors ; une *seconde*, où se produit un mouvement en sens inverse, à cause du travail de cicatrisation; enfin, une *troisième*, pendant laquelle l'œil se reporte peu à peu en dehors.

Mais cette marche, exactement observée dans les cas qui doivent être suivis d'un effet favorable, se voit bien souvent contrariée, et par des influences qu'il s'agit d'éclaircir. M. de Graëfe répond donc parfaitement aux termes mêmes de la question, en la réduisant aux deux phases suivantes :

1° Effet immédiat ou première période ;

2° Seconde période, ou période d'équilibration.

Nous allons nous occuper des lois qui peuvent régir cette seconde phase de l'opération, en partant de cette supposition que le déplacement a été fait avec toutes les précautions requises, et d'après les règles tracées ci-dessus. Il est clair que plus le déplacement a été exécuté en conformité avec les indications premières, moins, toutes choses égales d'ailleurs, l'effet consécutif différera de l'effet immédiat.

§ 44. — Période d'équilibration. — Cas de la vision monoculaire.

Le danger que l'on peut courir à la suite d'une implantation nouvelle incorrecte du tendon sur la sclérotique présente deux aspects contraires. Il consistera à voir se reproduire un strabisme nouveau dans le sens ancien, ou, au contraire, dans le sens opposé ; on se trouvera donc, après la cicatrisation confirmée, avoir laissé subsister un certain degré de raccourcissement du côté du muscle coupé, ou bien, au contraire, on aura créé, de ce même côté, une insuffisance d'action.

L'effet final sera donc vicieux ; mais, pour apprécier le degré et le sens du mauvais effet maintenu ou bien créé à nouveau, il faut introduire ici une distinction importante.

Cette distinction sera la suivante :

La vision après l'opération s'exerce binoculairement, c'est-à-dire l'œil opéré est assez bon, ou a gagné assez, pour percevoir les impressions de façon suffisamment nette, ou elle est, au contraire, après comme auparavant, monoculaire, ou s'exerçant seulement par l'œil sain.

Les deux circonstances sont, en effet, absolument différentes.

Dans le second cas, on n'a à s'occuper que de l'effet apparent, objectif, de l'effet cosmétique. Pour la vision indifférente, ou au loin, les deux axes optiques s'associent comme avant l'opération, mais sous une convergence complétement harmonique, si le résultat a été satisfaisant, ou seulement avec moins de discordance angulaire que précédemment, s'il a été incomplet. L'effet est là tout anatomique, et nulle circonstance supérieure au rapport des longueurs musculaires n'intervient pour le contre-carrer ou le détruire.

Mais, lors de la vision rapprochée, cette harmonie apparente peut, au contraire, être détruite, et les axes optiques manifester un certain degré de divergence.

On en comprendra aisément la raison : dans la vision binoculaire normale, la convergence est mutuelle, la synergie de l'accommodation suit celle des axes optiques, et cette loi de synergie se manifeste encore, même quand on dérobe à l'un des yeux l'objet présenté à l'attention du sujet. Dans ce cas, l'accommodation qui s'accomplit dans l'œil qui voit retentit dans celui qui ne voit pas, et entraîne secondairement la convergence. Mais M. de Graëfe a fait voir que dans le strabisme concomitant, l'accommodation de l'œil sain n'exerce plus d'influence sympathique sur celle de l'autre œil. Comment celle-ci réagirait-elle sur la convergence ?

Or, si l'œil strabique opéré n'y voit pas assez nettement pour éprouver la sollicitation objective binoculaire, il est clair que le simple déplacement du muscle par l'opération n'est pas de nature à rendre à l'accommodation de cet œil un pouvoir qu'elle n'avait plus depuis longtemps, celui de répondre aux mouvements produits dans l'œil sain.

Après l'opération, si les yeux ont été mis en accord pour le regard indifférent, et que la vision binoculaire ne s'exerce pas, cet accord sera donc troublé pour la vision rapprochée ; la convergence de l'œil sain n'entraînera pas sympathiquement la convergence de l'œil opéré, et pour la vision de près, les yeux sembleront alors affectés de strabisme divergent.

Voilà pourquoi M. de Graëfe a donné ce conseil très-pratique de choisir la position moyenne des axes, d'établir l'harmonie musculaire sur une convergence mutuelle de 6 à 8 pouces de distance. Comme il faut, en de tels cas, avoir une discordance dans la vue au loin, ou dans la vue de près, et que le défaut d'harmonie par divergence relative est infiniment plus désagréable qu'une légère convergence apparente, c'est cette dernière qu'il faut préférer, et c'est pour la déterminer que M. de Graëfe a établi à 6 pouces sa position moyenne.

Tels sont donc, en résumé, les conseils à suivre et l'effet à attendre, lorsqu'on ne peut plus compter sur le rétablissement de la vision binoculaire ; établir le rapport des axes sur une position moyenne de 6 pouces, et s'attendre à une légère convergence apparente, lors de la vision à distance ; c'est ce qu'on appelle l'effet exclusivement cosmétique.

§ **45.** — Période d'équilibration. — Cas où la vision binoculaire est possible.

La possibilité du rétablissement de la vision binoculaire change tout à fait les termes de cette question. Un élément nouveau vient joindre ici son influence, et cette influence est immense. Nous voulons parler de la loi de fusion des images doubles.

On sait la puissance de la loi de la binocularité, on connaît l'horreur que nous inspirent les images doubles, et, dans notre discussion du mécanisme du strabisme périodique, nous avons suffisamment insisté sur les procédés que la nature mettait en action, soit pour obtenir la fusion de ces images en les fondant toutes sur les axes polaires, soit, dans son impuissance à produire cet effet, pour les faire disparaître du champ de la vision en concentrant l'attention sur la plus nette des deux (Voy. § 26).

Eh bien, l'introduction dans la question de cette force de l'unité dans la vision binoculaire, si bien appréciée par Wheatstone, vient entièrement changer les éléments de cette réparation fonctionnelle du muscle déplacé.

Au premier moment qui suit l'opération, et pendant quelque temps encore après, le malade accuse de la diplopie, quand on lui présente un objet dans une telle direction, ou à une distance telle que, pour pointer binoculairement sur lui, l'œil opéré doive se mouvoir dans le sens du muscle coupé. Ce muscle est, en effet, au maximum de la paralysie, il est séparé du bulbe.

Mais bientôt il se greffe et devient dès lors habile à suivre le mouvement binoculaire; graduellement habile, d'abord pour les premiers degrés du mouvement, ultérieurement pour des degrés plus prononcés. Le champ de la diplopie diminue de jour en jour, et doit tendre à s'effacer. Si donc au bout d'un certain temps il n'y a plus diplopie, et que le sujet y voie effectivement bien des deux yeux, pendant un temps soutenu, et dans toute l'étendue du champ de l'accommodation, on peut considérer le résultat comme fixe et désormais fondé ; la vision binoculaire saura maintenir son unité d'impression.

Mais il ne faut pas se dissimuler que ce seront là les cas rares.

M. de Graëfe ne nous a-t-il pas démontré (voir le § 42) que si la strabotomie corrigeait la déviation, c'était au détriment de la mobilité? Les axes sont rectifiés, mais il y aura à l'une des deux extrémités de l'axe de mouvement (et peut-être à toutes les deux), une insuffisance probable plus ou moins étendue.

L'extrême convergence, ou, au contraire, l'extrême divergence, c'est-à-dire le parallélisme, seront sans doute impossibles à atteindre.

Pour obvier aux conséquences de ce nouvel état, le savant chirurgien de Berlin conseille de fixer à 6 pouces de distance le point de convergence correct, la position moyenne à donner aux axes optiques, et c'est sur cette base que sont établies les règles qui servent au dosage de la ténotomie.

On lira dans le paragraphe suivant les considérations qui ont guidé le judicieux observateur dans la fixation de ces limites et de cette position moyenne; cette distance de 6 pouces doit en effet être celle qui convient à la moyenne générale des cas que l'on doit rencontrer.

Nous ferons cependant à cet égard une réflexion.

Dans le chapitre que nous avons consacré à la pathogénie du strabisme, nous avons reconnu que l'une des causes les plus ordinaires du strabisme était l'insuffisance musculaire du côté de la convergence, quand le sujet était en même temps myope, et du côté de la divergence quand il était hypermétrope, ou même avait une vue normale.

Des deux insuffisances qu'amène l'opération de la strabotomie, n'y en aura-t-il pas une plus dangereuse que l'autre au point de vue de la production d'un nouveau strabisme, d'un strabisme secondaire? Ne devra-t-on pas craindre, si le sujet est très-myope, que la fixation de la limite de 6 pouces ne soit un peu éloignée pour ses occupations ordinaires, et que les doubles images croisées qu'il voit devant lui, n'amènent bientôt un strabisme secondaire divergent?

Par contre, si l'on est en présence d'un hypermétrope ou d'un presbyte, n'y a-t-il pas également à faire cas de la prévision contraire? L'insuffisance du droit externe ne peut-elle amener bientôt un strabisme convergent?

Ou nous nous trompons fort, ou il y a là une cause bien possible de la manifestation d'un strabisme secondaire?

Dans chaque circonstance, quoique l'on ait mis à exécution tous les conseils formulés par le professeur de Berlin, il conviendra néanmoins d'étudier, aux deux limites du champ visuel, la manière de se comporter des doubles images, pour remédier, s'il y a lieu, à une insuffisance qui, trop étendue d'un côté, risquerait d'amener à sa suite un strabisme secondaire.

Ce sera, je crois, le plus sage complément à donner à l'étude de la période d'équilibration, et qui permettra, soit de lui venir en aide par des verres prismatiques appropriés, soit de la rectifier au moyen d'une nouvelle opération.

§ 46. — Conduite à tenir pendant la période de cicatrisation.

La question qui se présente maintenant, c'est celle de la conduite à tenir pendant cette période d'équilibration; doit-on attendre que la cicatrisation soit opérée, et abandonner jusque-là l'œil à lui-même pour étudier alors la fonction, et rechercher s'il y a encore raccourcissement ou, au contraire, insuffisance, ou bien intervenir à l'avance et diriger la cicatrisation elle-même?

En un mot, y a-t-il une gymnastique oculaire à prescrire dès le début, et si oui, quels principes doivent diriger cette éducation de l'œil?

Les auteurs mentionnent à ce sujet deux méthodes contraires et ne précisent pas celle qu'ils croient la plus favorable. La première consiste dans l'exercice isolé de l'œil opéré, l'autre étant couvert d'un bandeau, et le regard étant constamment dirigé en avant. C'est la méthode du parallélisme.

La seconde place les deux yeux dans la même situation réciproque, couvre toujours l'œil sain, mais prescrit de diriger toujours le regard du côté du muscle coupé, en évitant de rapprocher les objets; elle est dite *convergente* ou *divergente*, suivant que le muscle coupé est le droit interne ou le droit externe. Le principe de cette méthode est dans le rapport qui existe entre les muscles de l'un et de l'autre œil, lors des mouvements associés. Prenons pour exemple la méthode convergente. Quand l'œil opéré se porte dans ce sens de la convergence, il entraîne l'autre œil dans la divergence; les muscles conservent alors, disent les auteurs anglais, les rapports de longueur qui leur sont propres lors du regard à l'horizon. (Cette proposition n'est pas absolument exacte, comme nous allons le voir; la divergence provoquée dans l'œil sain, par cette méthode, est supérieure à la divergence moyenne.)

La troisième méthode consiste dans l'emploi des deux yeux simultanément, dès le lendemain de l'opération.

Mais ce n'est pas tout d'exposer ce qui a été fait, il convient qu'une critique éclectique dirige ici notre conduite. Entre ces trois méthodes, laquelle devrons-nous choisir?

L'œil opéré, en voie de cicatrisation, est évidemment assimilable à l'œil frappé de paralysie, mais entré dans la période régressive. La conduite à tenir dans un cas doit se calquer sur celle indiquée dans l'autre.

Or, voici les conseils éminemment sages que donne à ce sujet M. de Graëfe. Il importe d'en apprécier le principe.

« On sait que dans les paralysies, la déviation secondaire est supérieure à la déviation primitive. Si donc, pour une cause ou une autre, l'œil plus ou moins paralysé est employé à la vision, chacun de ses efforts amène à sa suite un travail de l'œil sain qui se traduit par une déviation secondaire de cet œil. La répétition constante, ou fréquemment renouvelée de cette mise en jeu de la déviation secondaire ne peut, si elle se prolonge, que concourir à l'établissement d'un strabisme concomitant définitif, d'autant plus prononcé que cette déviation s'est plus souvent produite. La nutrition des muscles change en un état stable ce qui n'était d'abord que périodique.

« Ce processus pathologique, régulier en toute paralysie, même régressive, devient plus évident lorsque l'œil atteint de paralysie est employé de préférence pour regarder les objets, ainsi qu'il arrive quelquefois à cause d'une différence de la puissance visuelle ou de l'accommodation. »

« C'est pour ce motif que M. de Graëfe conseille de s'abstenir d'employer l'œil paralysé dans la vision, ou d'exercer les malades au moyen de lunettes strabiques, car, abstraction faite des éblouissements qui rendent le plus souvent ces exercices impossibles, on expose le malade à une déviation relativement beaucoup plus marquée de l'autre œil. » (De Graëfe.)

Les deux cas sont comparables : Dans la réparation du muscle divisé, on ne devra donc recourir à la méthode anglaise qu'autant que l'on aurait quelque sujet de redouter une insuffisance finale des droits externes, c'est-à-dire de n'avoir pas produit, par l'opération, un effet suffisant.

C'est donc la crainte d'une insuffisance dans un sens ou dans l'autre, et particulièrement dans le sens propre à reproduire le strabisme, qui devra servir de règle de conduite.

Si l'on n'a point de raison évidente de redouter l'un ou l'autre excès, après avoir assuré, autant qu'il est en soi, une mesure convenable au déplacement (voir le § 35, page 106), on n'a qu'à condamner les deux yeux au repos dans l'obscurité pendant quelques jours (trois fois vingt-quatre heures suffiront généralement), et le résultat sera tel qu'on a voulu l'amener, ou, dans tous les cas, voisin de cette situation.

Mais après ce laps de temps, quand la greffe est faite, mais pourtant assez molle encore pour permettre l'espoir d'y pouvoir amener quelque distension par l'exercice binoculaire, il conviendra de s'assurer du degré de balancement qu'on a obtenu entre les longueurs musculaires.

Or, on sait que le point auquel correspond le balancement moyen ne saurait être le même pour le myope, l'emmétrope ou l'hypermétrope.

Prenons pour termes inférieurs ou limites rapprochées de la vision dans ces trois cas, les termes de 3 pouces, 4 pouces, 8 pouces, correspondant à des angles des axes optiques de 68° — 73° — 80° avec la ligne qui joint les centres optiques des deux yeux, dans les cas de myopie, d'emmétropie, d'hypermétropie.

A ces positions *inférieures* de 3 pouces, 4 pouces, 8 pouces, correspondront (le calcul nous l'apprend) des positions *moyennes* de 6 pouces, 8 pouces et 12 pouces entre l'extrême convergence et le parallélisme.

La cicatrisation opérée, il faudrait que le balancement musculaire pût s'exécuter sur ces situations moyennes ; c'est-à-dire qu'un objet étant placé à 6, 8 ou 12 pouces, suivant les trois cas définis plus haut, le sujet pût surmonter des prismes internes et externes de 21° dans le premier cas, 17° dans le second, 10° dans le troisième; ou plus simplement, voir sans images doubles des objets placés à la distance à laquelle ces prismes porteraient la convergence d'un objet tenu constamment à 6 pouces.

Or, ce sont ces bases-là qui ont servi, sans une définition aussi précise peut-être, mais au moins sous l'influence de l'observation, au dosage de la ténotomie. Si l'on a bien suivi les règles posées par M. de Graëfe, le muscle coupé se sera soudé de lui-même, et pendant le repos de la vue, dans une situation qui correspond à ces positions moyennes.

Si ces conditions ont été bien remplies, et s'il s'agit d'un œil normal, on doit obtenir avec une égale facilité la vision simple aux deux limites dont la distance de 6 pouces marque la position moyenne, c'est-à-dire à 4 pouces et à l'infini; ou, ce qui revient au même, un objet étant fixé à 6 pouces, fusionner spontanément les images doubles croisées de deux prismes de 21° à sommets internes, ou à celles homonymes de deux prismes de même degré, dont le sommet regarderait en dehors.

Mais nous avons reconnu, sur l'indication de M. de Graëfe, que le déplacement de la tête du muscle, l'altération plus ou moins profonde des muscles eux-mêmes devaient diminuer l'arc de ce balancement musculaire. On doit redouter malgré tout une insuffisance d'un côté ou de l'autre.

D'autre part, cette insuffisance n'a pas pour tous les genres de vue le même danger. Si nous nous reportons au mécanisme de la production du strabisme périodique divergent, par exemple, nous croyons qu'il se fonde sur une insuffisance des droits internes. Si le sujet opéré est myope, pour éviter la production du strabisme secondaire, il faut donc rapprocher de lui un mésoroptre qui ne peut être égal au mésoroptre normal ; en d'autres termes, il faut rapprocher de lui la position moyenne et se prémunir particulièrement contre les images doubles croisées que le rapprochement de l'objet pourrait faire naître. Chez ce sujet, la position moyenne doit donc être plutôt en deçà qu'au delà de 6 pouces.

Il en sera autrement de l'hypermétrope et d'une vue plutôt longue : ce sont les images des objets plus ou moins distants qui ne devront jamais risquer de produire des impressions doubles chez ces sujets. Là est à redouter l'insuffisance des droits externes; car à sa suite apparaît le strabisme convergent, périodique d'abord, puis permanent.

C'est donc vers les limites opposées dans ces deux circonstances bien définies, que devront porter les épreuves : chez le myope, on ne craindra pas un léger degré de convergence apparente lors de la vision au loin, et l'on aura soin de constater que la vision des objets très-rapprochés ne produit point d'images doubles croisées ; pour les vues longues ce sera le contraire, et c'est de la limite éloignée qu'il faudra se préoccuper ; mais ce seront les cas rares ; rarement, dans un strabisme confirmé, la vue est-elle assez conservée dans l'œil strabique pour permettre la vue des objets distants.

Il est à cet égard une observation à faire ; c'est que, dans les premiers temps après l'opération, le muscle incomplétement cicatrisé est plus ou moins comparable à un muscle paralysé, et par là incapable de produire tous ses effets. La diplopie, quand on provoque l'action encore incomplète de ce muscle, n'a donc pas toute la signification que l'épreuve précédente comporte.

Comment dès lors baser un jugement sur cette épreuve?

Très-simplement ; il n'y a qu'à étudier l'étendue du balancement musculaire en sens opposé.

Le sujet est-il myope, et la ténotomie a-t-elle porté sur le droit interne ; on place un objet à 4 pouces, et cet objet provoque une diplopie croisée. Mais on a quelque raison de l'attribuer à la greffe encore incomplète du muscle. Eh bien, renversons l'expérience : du côté de la divergence, nous n'avons point à redouter d'images doubles par inertie des droits externes. L'objet étant tenu à 6 pouces, voyons quelle étendue les muscles associés vont pouvoir parcourir dans le sens externe. Plaçons des prismes à sommet externe devant les deux yeux. Des prismes de 21° amènent les axes optiques dans le parallélisme. Eh bien, si nous atteignons à cette limite, chez le myope, il n'y aura pas d'insuffisance à craindre vers l'horizon, donc elle sera à redouter du côté des objets rapprochés ; et cette crainte augmentera si l'angle de 21° est aisément surmonté, et, *à fortiori*, si les yeux fusionnent les images doubles de prismes plus forts.

Dès lors toute l'attention doit se concentrer sur l'insuffisance possible du côté des objets rapprochés.

Mutatis mutandis, il en sera de même pour la vue longue; et une épreuve de même ordre doit lui être appliquée.

En un mot, si du côté du muscle coupé, l'épreuve positive ne peut être faite avec certitude, elle peut être tentée dans le sens opposé, mais alors doit être négative. Pour ne pas avoir à redouter d'insuffisance d'un côté, il faut en rencontrer une légère dans le sens contraire, puisque l'on ne peut compter sur un balancement exact et régulier rendu impossible par le changement de rapports introduit entre les longueurs musculaires.

On n'oubliera pas, d'ailleurs, les considérations présentées plus haut, à propos du strabisme par sympathie que peut affecter et qu'affecte communément l'œil sain.

Si les épreuves précédentes ont été satisfaisantes, il n'y a nulle préoccupation à conserver à l'endroit de cette apparence qui persiste encore après l'opération. L'expérience générale concorde à considérer ce strabisme de l'œil sain comme se corrigeant, à la longue, spontanément. Toute la question est toujours dans les insuffisances possibles, et ce que nous venons d'en dire doit suffire à fixer la conduite du praticien.

§ 47. — Résultats généraux de la strabotomie. — Premier cas (vision uni-oculaire).

Les considérations que nous venons de développer montrent que, pour apprécier sainement les résultats de la strabotomie, il faut établir des distinctions importantes entre les cas soumis à l'opération, et, conséquemment, aussi entre les espérances que l'on peut envisager.

L'objet poursuivi, par exemple, n'est pas le même chez un sujet désormais impropre à la vision binoculaire ou chez celui qui jouit d'une perception binoculaire suffisante. Il ne saurait, non plus, être le même chez deux individus ayant subi, l'un des altérations musculaires profondes, invétérées, étendues, l'autre des lésions de nutrition peu marquées. Sans parler de l'influence que l'opération peut avoir sur l'unité ou la portée de la vision, considérée dans l'œil opéré, il y a donc des différences sérieuses à mettre en évidence aux yeux du malade et des assistants, au moment où l'on se décide à pratiquer la ténotomie.

Nous ne parlerons pas du degré d'influence de l'opération sur l'acte visuel même de l'œil opéré ; notre expérience n'est pas encore assez étendue, et nous trouvons, à cet égard, un peu de divergence parmi les auteurs. Pour ce qui nous concerne, nous avons vu l'acuïté, ainsi que la portée de la vision, gagner, après la ténotomie dans l'œil opéré, mais non d'une façon aussi merveilleuse qu'on l'a dit; et le résultat ne nous a pas paru beaucoup plus prononcé qu'il ne l'est à la suite de l'exercice isolé plus ou moins prolongé de cet œil, quand on fait précéder l'opération par ce soin préparatoire.

Joignons à ce premier avantage celui signalé par Mackensie (1), qui attribue à la qualité de la fonction binoculaire les bénéfices qu'accusent les malades après l'opération.

Quoi qu'il en soit, l'usage nouveau de l'œil opéré rappelle en lui une faculté qu'un long sommeil avait engourdie, et il n'est pas à douter que, dans un certain nombre de cas, ce bienfait ne puisse atteindre les proportions d'une reconstitution satisfaisante de la vision. Mais ce nombre de cas est nécessairement restreint, si l'on considère les résultats statistiques recueillis par M. de Graëfe.

Sur *cent* cas de strabisme concomitant, dit l'éminent ophthalmologiste, *quatre-vingt-dix-neuf* se présentent à vous chez lesquels il n'y a point perception simultanée de l'objet par les deux rétines.

Au moyen de prismes convenablement employés, vous pouvez produire des images doubles simultanées chez vingt-cinq de ces cent sujets.

Et sur vingt-cinq autres, vous arriverez au même résultat par la strabotomie.

Ainsi donc, chez la moitié des strabiques, la vision binoculaire est à jamais détruite, et vous ne pourrez aspirer chez

(1) *Traité pratique des maladies des yeux*, traduit sur la 4e édition par Warlomont et Testelin. 1857.

eux qu'à créer un état apparent de régularité; votre plus haute espérance est un effet purement cosmétique. Pour la conduite à tenir à leur égard, nous renvoyons à notre § 44.

En ce qui concerne le rétablissement de la vision binoculaire, n'oublions pas que le déplacement de l'axe de mobilité a plus ou moins diminué l'étendue du mésoroptre binoculaire, que, par conséquent, il est presque impossible d'éviter l'apparition d'images doubles à l'une des extrémités du champ visuel; images, il est vrai, souvent peu gênantes, eu égard à la grande diminution de l'acuïté. Nous avons dit quelles étaient les plus dangereuses; ajoutons aux considérations que nous avons présentées ces dernières remarques de M. de Graëfe :

« Quand il s'agit d'apprécier l'état des choses, il ne faut pas oublier que dans le repos *complet* des yeux, les axes optiques ne sont pas ordinairement parallèles, mais qu'ils s'entre-croisent à une distance déterminée, en rapport avec l'équilibre de tension des muscles de l'œil; cette distance, très-variable avec les individus, est assez petite, chez les myopes à mésoroptre étroit, pour amener un certain degré de convergence. Les variations physiologiques nous ont déjà habitués à une légère convergence, lorsque les regards sont vagues et que le degré de convergence dépasse quelque peu les limites physiologiques.

« La divergence, au contraire, imprime toujours à la physionomie quelque chose de hagard, d'inanimé; le regard ne paraît pas naturel, il exprime la distraction et la souffrance. Les images doubles homonymes de la convergence relative ne tardent pas, au contraire, à perdre leur influence nuisible. En somme, en maintenant pour la vision distraite une certaine convergence, les conditions de la vue sont beaucoup plus favorables que dans le cas contraire. La divergence doit donc par-dessus tout être écartée, surtout pour les distances correspondant à un degré actif d'accommodation rapprochée.

« L'expérience nous a, en outre, appris qu'en suivant ces

règles le résultat est plus satisfaisant quant à la puissance visuelle de l'œil strabique.

« J'ai pu constater, ajoute M. de Graëfe, une amélioration immédiate dans plusieurs cas ; elle survient peu à peu pour le plus grand nombre, à mesure qu'on exerce les yeux ; enfin, en faisant disparaître le défaut d'harmonie qui existait entre les forces musculaires, on rend plus faciles pour l'œil exclu les exercices séparés.

« Il arrive très-souvent qu'un œil atteint d'obnubilation de la cornée est exclu de la vision de près par une déviation en dehors. La force visuelle n'est pas proportionnelle au degré d'opacité de la cornée ; c'est à l'exclusion de l'œil qu'il faut attribuer, en grande partie, l'affaiblissement de la vue. On fera très-sagement, dans ces cas, en faisant précéder les exercices de l'œil de la ténotomie incomplète du droit externe. Ici, de même que dans le strabisme ordinaire, l'affaiblissement de la vue ne dépend pas seulement de l'exclusion d'un œil, mais encore de l'affection musculaire. »

Ce point de vue avait autrefois été signalé par M. Guérin.

En résumé, si le strabisme n'est que dans des cas très-rares susceptible d'une guérison absolue, complète, il n'y a que le physiologiste qui puisse porter ce jugement sévère : pour les assistants, pour le malade, le résultat est immense. Si, dans les circonstances communes, la vision binoculaire ne peut être qu'incomplétement rétablie, les déviations apparentes, celles qui heurtent les étrangers ont disparu en tout ou en partie ; la guérison, en un mot, est complète pour le public, et ses incorrections ont été, au fond, renfermées dans leurs plus étroites limites. Dans quelle espèce d'opération le chirurgien a-t-il la prétention de *refaire* la nature, de créer à neuf des organes, et surtout des appareils fonctionnels, entiers ? Même sous la réserve de ces restrictions, les résultats de la ténotomie pratiquée sur les bases qui servent d'assiette à ce travail, ne sont rien moins qu'une admirable conquête de la chirurgie, guidée aujourd'hui, dans cette question, par la physiologie la plus élevée.

§ 48. — Méthode orthopédique par les lunettes prismatiques, convexes ou concaves.

S'il est incontestable qu'une disproportion survenue ou congénitale entre les longueurs des muscles est la cause immédiate et prochaine du strabisme proprement dit, et que le déplacement de l'insertion antérieure du muscle, relativement trop court, est l'indication évidente que l'art doive remplir, on est en droit, cependant, de se demander si cet objet ne peut être atteint par aucune autre voie que la ténotomie. Tous les auteurs ont enregistré des cas où la guérison de la difformité a pu être obtenue par l'emploi de procédés non chirurgicaux, en particulier par les lunettes prismatiques. Voyons ce que, à cet égard, la théorie et l'observation peuvent nous apprendre.

Si nous jetons un coup d'œil sur l'histoire étiologique du strabisme, il est une classe de déviations qui peut, de prime abord, être jugée comme inattaquable par des procédés bénins. Ce sont les déviations confirmées et considérables dans lesquelles l'ancienneté de l'affection a permis au muscle de changer de nature, et de devenir plus ou moins inextensible.

Il faut y joindre encore les cas de strabisme qu'accompagne une amblyopie grave. Où il n'y a qu'un œil, quel service peut-on demander à la loi qui régit la vision binoculaire? Nous sommes ainsi ramenés à concentrer notre attention sur ces cas seulement où la vision binoculaire peut être mise en jeu, et dans lesquels encore la disproportion des longueurs musculaires n'a pas atteint des limites excessives. Tels seront le strabisme concomitant d'un degré moyen et le strabisme périodique. Celui-ci étant, par sa nature instable, apparemment le plus propice à l'application d'une gymnastique rectificatrice, c'est par lui que nous commencerons cette étude.

Qui dit strabisme périodique sous-entend une insuffisance musculaire d'un côté, ou une brièveté relative de l'autre. Étudions donc l'insuffisance du muscle droit interne dans ses rapports avec les procédés de redressement du regard qui reposent sur l'emploi des prismes. Voici un myope qui ne peut y voir clairement qu'en approchant les objets au moins à 5 pouces de ses yeux. Mais ce sujet est en même temps atteint d'insuffisance des droits internes, insuffisance telle qu'il ne peut régulièrement entre-croiser ses axes optiques en deçà de 8 pouces. Nous savons ce qui arrive en pareil cas; si, à la rigueur, ce sujet parvient à amener ses axes optiques à entre-croisement sur l'objet placé à 5 pouces, il est impuissant à les maintenir à cette distance pendant un temps de quelque durée; la fatigue se fait sentir, les muscles tendus se relâchent, les images doubles croisées apparaissent. C'est alors que, pour s'en débarrasser, le sujet fixe son attention sur l'une des images, la plus nette, et élimine la seconde en donnant naissance à un strabisme divergent. Imaginons alors que nous attaquions l'insuffisance au moment où elle se manifeste, c'est-à-dire dès l'apparition des doubles images croisées.

Nous avons dit que l'objet était à 5 pouces, et que les axes optiques pouvaient aisément s'entre-croiser à 8 pouces. Si donc nous plaçons devant chaque œil un prisme à sommet externe de 6 à 7°, nous dévierons en dehors chaque image double, exactement de l'angle propre à les placer sur les lignes de convergence à 8 pouces. Les deux axes optiques pourront donc bien exactement les fusionner, et toute raison de production d'un strabisme divergent consécutif sera, par cela même, annulée. Les yeux du sujet pourront, dès lors, très-naturellement s'appliquer à des objets distants de 5 pouces, mais qu'ils verront, et sans fatigue, à 8 pouces.

On voit naître de là la méthode d'exercice gymnastique par laquelle on peut songer, non plus simplement à soulager l'insuffisance, mais à la combattre. Donnons aux prismes dont nous avons parlé plus haut un degré de moins de chaque côté; voilà les axes optiques de nouveau en présence d'images doubles croisées. Seulement ces images sont très-rapprochées, et il suffit d'un faible effort pour les voir se fusionner. On conçoit qu'un exercice prolongé puisse parvenir, au bout d'un certain temps, à rendre la convergence de 8 pouces moins un degré, aussi facile et aussi habituelle qu'elle pouvait l'être antérieurement à 8 pouces. En continuant ainsi, au moyen de longues périodes de temps, et diminuant successivement d'un degré, il n'est pas absurde de penser qu'on arrive, dans plus d'un cas, à renforcer assez les droits internes pour guérir le malade de son insuffisance.

Il y a cependant un inconvénient de détail qui peut entraver la mise à exécution de ce procédé. Nous ne voulons pas parler du long déploiement de constance qu'il exige, mais d'un effet particulier dû aux prismes, et qui incommode parfois les sujets jusqu'à leur donner le vertige.

C'est la déformation des surfaces, qui de planes deviennent convexes, par suite d'une aberration dans la réfraction dont le mécanisme se trouve décrit au § 243 de notre *Traité de la vision binoculaire.*

Il est entendu que l'application d'un pareil moyen doit être réservée aux objets rapprochés à la distance de 5 pouces. Pour tous les objets plus distants, les prismes à sommets externes de 7° auraient pour effet d'appeler en activité, non pas les muscles droits internes, mais leurs antagonistes, et d'aller ainsi contre le but proposé. Pour tous objets situés au delà de 8 pouces, la vision naturelle est suffisante. Pour ces distances, il faudra ôter immédiatement ses lunettes.

Il faut d'ailleurs, dans chaque cas, que le prisme exactement calculé ne dépasse jamais le degré en rapport avec la distance, sous peine de lui voir produire l'effet exactement inverse de celui qu'on attendait.

L'insuffisance des muscles droits externes doit être analysée au même point de vue. Pour abréger ce travail et laisser quelque chose à faire à nos auditeurs, nous proposerons cette application comme problème pratique à résoudre. Une saine interprétation de la discussion qui précède devra conduire à la solution pratique.

Les difficultés que nous avons signalées dans la direction et dans l'exécution de la méthode par exercice gymnastique, justifieront, en une certaine manière, le jugement porté sur elle par M. de Graëfe : « Si rationnelle que soit cette méthode, et quelque efficace qu'elle soit, quand la maladie n'est pas très-avancée, elle exige incontestablement beaucoup de patience de la part du sujet et une attention minutieuse de celle du chirurgien pour amener un résultat satisfaisant. »

Il faut, du reste, que l'effort constant, déployé pendant la durée de l'application des verres prismatiques, n'amène pas chez le sujet qui y est soumis les symptômes congestifs d'une véritable asthénopie. Il est clair que dans ce cas le remède serait pire que le mal. La fatigue éprouvée par le sujet doit donc être modérée, et diminuer avec les répétitions du même exercice. Sans cela il faudrait renoncer au traitement orthopédique et recourir à la ténotomie.

Si la méthode des lunettes prismatiques est frappée du *veto* expérimental par les chirurgiens les plus autorisés, quand elle ne s'adresse encore qu'au strabisme périodique, qu'aux conditions génératrices du strabisme plutôt qu'au strabisme lui-même, quel espoir va-t-elle nous laisser si nous la mettons aux prises avec l'affection confirmée? Évidemment il n'y a plus guère à compter sur elle. Cependant ce strabisme confirmé, concomitant, permanent, n'est peut-être pas toujours aussi incurable qu'il semblerait au premier abord, et la différence n'est pas toujours aussi grande qu'on le croirait entre lui et le strabisme intermittent qui lui a donné naissance. Dans le strabisme concomitant divergent, le seul pour lequel nos efforts aient été couronnés de quelque succès, l'expérience nous a appris qu'un exercice de très-peu de durée, au moyen de verres prismatiques appropriés, ramenait très-rapidement une déviation de plusieurs lignes à une divergence d'une ligne ou d'une ligne et demie au plus.

Ainsi, étant donné un strabisme divergent de plus de 45° en dehors du parallélisme, et qui eût semblé correspondre à une rétraction de 3 à 4 lignes, plus même peut-être, il n'est pas rare de voir l'œil se redresser graduellement presque jusqu'au parallélisme avec l'autre, sous l'influence de prismes à sommets externes graduellement décroissants en force. On arrive ainsi *aisément* à procurer l'exercice binoculaire sur une déviation des axes que corrige un prisme de 3 à 4°, à sommet externe. Le triomphe semble tout proche ; mais c'était là que vous attendait la difficulté, sinon l'impossibilité.

Ces 3 ou 4° deviennent invincibles. Le malade est condamné à l'usage indéfini des lunettes prismatiques de 4°, s'il ne veut redevenir strabique ou recourir à l'opération.

On voit ce que c'est que ces 3 ou 4 derniers degrés ; ce sont ceux qui mesuraient l'insuffisance primitive (à partir du parallélisme); les 45° apparents lors de la première inspection du malade, c'était le simple produit de l'automatisme qui avait pour effet de supprimer une des images doubles (voyez le § 26).

Ainsi, dans ces essais, on doit s'attendre à ce que tout ne se passera pas sur la fin comme au début. Au début tout sera facile, tout sourira ; mais les derniers pas seront plus difficiles, sinon impossibles à franchir. C'est que là on rencontrera l'insuffisance, tandis qu'entre ce point et la position première on n'avait eu affaire qu'à une habitude vicieuse.

Un strabisme dans lequel on aura reconnu qu'il n'existe point de ces rétractions musculaires incoercibles, de ces lésions de nutrition qui peuvent avoir rendu le muscle plus ou moins inextensible et déformé le globe oculaire par l'excès de pression, pourra souvent être attaqué comme une simple insuffisance, degré auquel il sera du reste assez promptement ramené. Arrivé à ce degré, on n'a plus de ressource que dans l'opération ; mais on l'a à l'avance simplifiée en restreignant la déviation au minimum marqué par ce degré réel de l'insuffisance et en habituant les organes à l'exercice associé.

Nous n'avons pas dit, mais il est entendu, que l'emploi des prismes sera toujours secondé par l'adjonction des verres appropriés, si la vision du sujet est frappée d'anomalie de la réfraction, c'est-à-dire de lunettes convexes si le sujet est hypermétrope, de lunettes concaves s'il est myope, dans les limites de l'application du regard associé.

Ajoutons que le traitement dont nous venons de parler, le traitement orthopédique, ne pourra être poursuivi, que si les premiers essais ne déterminent pas l'apparition des symptômes de l'asthénopie. Devant une fatigue se traduisant par de la douleur circumorbitaire prolongée ou de l'affaiblissement de la vue, de telles épreuves devraient à l'instant être suspendues.

En résumé, en se conformant aux règles et aux indications que nous venons de formuler, le traitement orthopédique ou au moyen de prismes soit plans, soit flanqués de verres concaves ou convexes, suivant les circonstances, sera applicable aux cas suivants.

Comme essai curatif :

Aux insuffisances musculaires primitives, ou à celles consécutives à l'opération.

Comme moyen propre à régler la période d'équilibration, après la ténotomie, dans le cas où l'on serait fondé à redouter une insuffisance.

Comme moyen palliatif :

Dans l'insuffisance, mais alors en donnant au prisme l'angle exactement propre à corriger cette insuffisance.

Enfin dans le strabisme, comme procédé préparatoire, en ramenant graduellement l'angle de la déviation confirmée, jusqu'aux limites mêmes de l'insuffisance primitive, laissant à l'opération le soin de corriger ces derniers degrés de déviation qui ont été ceux de l'époque initiale, et avant l'intervention de l'acte automatique qui a banni du champ visuel l'image double procurée par cette insuffisance.

§ 49. — De l'enfoncement de la caroncule à la suite de la strabotomie.

L'opération de la strabotomie est souvent suivie d'effets secondaires en importance, mais auxquels le chirurgien est parfois appelé à remédier.

Nous voulons parler de l'enfoncement de la caroncule, et de la saillie du globe oculaire.

Parlons d'abord de l'enfoncement de la caroncule.

M. de Graëfe conseille, pour y remédier, une modification du procédé de Cunier, lequel consistait, comme on sait, en une suture de la conjonctive après l'opération de la ténotomie.

M. de Graëfe, attribuant cette petite difformité à l'action du tissu cicatriciel du muscle sur la conjonctive, incise cette dernière, au point où se pratique l'opération de la ténotomie, mais plus largement. Puis il détruit les adhérences secondaires de la conjonctive avec le bulbe et avec la face extérieure du muscle, et ramène ensuite les parties en avant par un point de suture.

La suture produit ici des effets tout différents de ceux qui en résultent lorsqu'elle est faite immédiatement après la strabotomie ; car alors les adhérences qui s'établissent ramènent en avant le muscle déplacé et qui est encore mobile. Dans ce cas-ci elle ne ramène en avant que la conjonctive.

Quant à la saillie plus forte du globe après l'opération, saillie que M. de Graëfe attribue à l'agrandissement de la fente palpébrale (et que nous mettrions plus volontiers sur le compte de l'action des muscles *protracteurs*), M. de Graëfe conseille d'y remédier en ramenant à la même longueur les deux fentes palpébrales. Il pense en effet que cette différence des fentes palpébrales était antérieure à la strabotomie, et se rattachait d'ailleurs à la déviation. (M. de Graëfe semble attribuer cette inégalité à l'action prolongée d'une cornée plus convexe et agissant entre les paupières à la façon d'un coin.)

Pour y remédier, M. de Graëfe conseille de raccourcir la fente à son angle externe comme dans un ectropion qui aurait tiraillé cette fente.

Voici le procédé opératoire que suit le savant professeur de Berlin :

« Il est facile de se convaincre que le rapprochement des bords palpébraux, près de leur angle externe, diminue l'écartement des paupières ; on peut donc ramener de cette manière une fente palpébrale trop large à un degré normal d'ouverture. Il faut déterminer d'abord, en pinçant les paupières, dans quelle étendue à peu près elles doivent être réunies, pour qu'on obtienne le résultat voulu, à peu près comme on évalue, dans le ptosis de la paupière, l'étendue du pli cutané à exciser, en appliquant une petite pince. J'enlève le bord ciliaire des deux paupières dans l'étendue d'une ligne à une ligne et demie à partir de l'angle externe, en interposant d'ordinaire, une plaque de bois entre l'œil et la paupière. J'avive la partie inter-marginale un peu au delà, de manière à obtenir en somme une plaie d'une ligne et demie à deux lignes et demie, tout en évitant de produire une trop grande perte de substance près de l'angle externe et à la partie interne du bord avivé ; enfin, je réunis au moyen d'une seule aiguille.

« Il faut tenir les yeux fermés au moins pendant deux jours pour assurer le succès de l'opération ; sans cela le clignotement des paupières empêche assez souvent la réunion par première intention.

« L'effet, pour être satisfaisant, doit paraître beaucoup trop marqué au commencement, au point que l'œil opéré paraîtra beaucoup plus petit que l'autre. Cette différence disparaît au bout d'un mois quand les mesures ont été bien prises. »

Quant aux suites chirurgicales de la strabotomie, elles sont des plus simples. Des compresses d'eau fraîche sur l'œil opéré, le repos dans l'obscurité pendant deux ou trois fois vingt-quatre heures, quelquefois pendant une journée seulement. Voilà tout le traitement à instituer.

Si, par exception, les choses ne se passent pas aussi simplement, nous n'avons pas besoin d'établir une discussion sur ces cas imprévus, le chirurgien suivra naturellement les indications présentes, et nous écrivons ici pour des chirurgiens.

Le petit bourgeon charnu qui se développe après l'opération, pour peu que la conjonctive ait été largement ouverte, préoccupe quelquefois et le malade et l'opérateur. La conduite à tenir est des plus simples ; on laisse ledit bourgeon se développer sans s'en occuper pendant quelques semaines. Quand on a reconnu qu'il s'est étranglé à sa base de façon à former un petit pédicule, — c'est sa manière régulière de se comporter, — on l'enlève d'un coup de ciseaux courbés sur le plat ; quelques gouttes de sang, un peu d'eau fraîche, et c'est fini.

Il y a quelquefois récidive ; cela arrive si l'on n'a pas attendu la formation d'un pédicule assez mince. On en est quitte alors pour recommencer.

§ 50. — Strabismes en haut et en bas.

Nous ne nous sommes occupé jusqu'ici que des muscles de la divergence et de la convergence. Il y a cependant à dire quelques mots du strabisme *sursùm et deorsùm*. Ce ne sera pas bien long.

Quand nous aurons étudié l'histoire des paralysies des muscles de l'œil, nous saurons que chaque mouvement en haut ou en bas, direct ou diagonal appelle toujours en action : le mouvement direct, deux muscles ; le mouvement diagonal, trois muscles. (Voir d'ailleurs la 1re partie, §§ 6 et 7.)

Une déviation dans un des sens précités, due, par hypothèse, à un seul muscle, pourra cependant toujours être attribuée *à priori* à deux muscles. Par exemple le strabisme *sursùm* aura pour cause le raccourcissement relatif du droit supérieur ou de l'oblique de nom contraire.

Le premier soin devra donc être de rechercher quel est le muscle coupable de l'effet anormal produit. Nous n'entrerons pas ici dans cette discussion : les éléments seront très-simples et chacun les déduira avec la plus grande facilité de l'étude des paralysies qui font l'objet de la troisième partie de ce travail.

Ajoutons seulement que s'il s'agit de corriger une insuffisance du droit supérieur ou du droit inférieur, il n'y a rien à modifier, que le lieu de l'opération, dans le procédé décrit au § 40.

Quant aux obliques, on trouvera dans les manuels de médecine opératoire la description des procédés qui peuvent être mis en œuvre. Disons pourtant que jusqu'ici la ténotomie des obliques n'est pas encore scientifiquement classée et que rien de satisfaisant ne saurait encore être dit à son endroit : d'où nous pouvons conclure qu'elle n'a pas encore ses indications précisées, car en Allemagne, où se pratiquent annuellement près de cinq mille opérations de strabisme, elle n'a pas de rang dans la pratique ni dans la théorie. (Voir le § 81, 3me partie.)

TROISIÈME PARTIE.

DES PARALYSIES MUSCULAIRES.

(DIPLOPIE.)

HUITIÈME LEÇON.

DU STRABISME AVEC DIPLOPIE PERSISTANTE.

§ **51.** — Du strabisme avec dipoplie persistante, ou par paralysie musculaire.

On rencontre encore, dans la pratique, un dernier genre de strabisme, qui s'accuse objectivement comme il suit : Un objet, étant placé sur la ligne médiane, est visé par le sujet avec le concours associé de ses deux yeux, et nulle aberration ne se remarque entre les axes visuels de l'un ou de l'autre côté, quelle que soit la durée de la fixation. Mais vient-on à éloigner l'objet, toujours sur la ligne médiane, ou bien à le porter vers l'un des côtés de l'observé, à sa gauche par exemple, on remarque qu'à mesure que l'on éloigne ainsi l'objet, une certaine déviation devient manifeste entre les deux yeux. L'œil droit, par exemple, continue à suivre l'objet, le gauche reste en arrière ; il est, eu égard au point qui fixe l'attention, à l'état de strabisme convergent.

Voile-t-on alors l'œil droit, eu égard à l'objet, mais de façon à ne point le perdre soi-même de vue, et engage-t-on le malade à maintenir son attention sur cet objet, porté dans la moitié gauche du champ de la vision, on observe ce qui suit : l'œil gauche fait plus ou moins d'efforts pour se redresser et y parvient plus ou moins, mais rarement tout à fait, si l'objet est porté en dehors d'une manière tant soit peu notable. On reconnaît immédiatement que la force qui porterait cet œil gauche en dehors est au-dessous de l'effet à produire. On reçoit comme une impression instinctive de paralysie de la puissance qui préside à la divergence.

Du côté droit, on observe autre chose : par suite de la loi de synergie qui préside aux mouvements associés, l'effort de redressement de l'œil gauche a retenti dans l'œil droit. Ce dernier a éprouvé ce que nous avons, dans les précédents paragraphes, désigné sous le nom de *déviation secondaire*. Mais, chose remarquable, le chemin parcouru sous l'influence de la sympathie, par cet œil droit, est sensiblement plus grand que l'arc de redressement parcouru par l'œil gauche.

Si ce dernier est, je suppose, d'une ligne, la déviation secondaire pourra mesurer une ligne et demie à deux lignes.

Qu'est-ce à dire, et que signifient ces symptômes ? Ils expriment évidemment ce que l'impression première nous faisait pressentir. Il y a, dans le cas que nous venons de décrire, évidence d'une lenteur, d'une paresse, d'une impuissance, en un mot d'une paralysie dans l'abducteur du côté gauche. La mobilité y est ou perdue, ou plus ou moins notablement diminuée, et les symptômes généraux présentés par le malade s'accordent avec cette conclusion.

La supériorité d'étendue de l'angle de la déviation secondaire sur la déviation primitive est effectivement justifiée par cette circonstance d'une paralysie de l'abducteur du côté gauche. On conçoit aisément que la quantité d'influx nerveux nécessaire pour opérer le redressement, même partiel, de l'œil gauche, doit être plus grande que lors de l'état normal. Mais alors, eu égard au principe de l'association des mouvements, une somme d'influx nerveux correspondante est envoyée à l'adducteur du côté droit. Or, celui-ci étant intact, déterminera un mouvement plus étendu que son associé de l'œil gauche ; partant la déviation qui lui sera due, excédera celle parcourue à gauche. En d'autres termes, dans ce genre de strabisme, si la mobilité est diminuée d'un côté, la déviation secondaire est, dans l'autre œil, plus grande. Ces caractères, attentivement étudiés, suffisent à bien différencier ce genre de strabisme de ceux qui nous ont occupé jusqu'ici.

Il est entendu que ce que nous venons de dire du strabisme convergent qui se manifeste à la suite de la paralysie de l'abducteur d'un côté, pourrait être répété, *mutatis mutandis*, à l'endroit du strabisme divergent qui suit la paralysie de l'adducteur.

Nous n'insisterons pas là-dessus.

§ 52. — De la dipoplie binoculaire et de sa signification symptomatique.

Mais il est un autre symptôme qui, à lui seul, vaut plus que tous ceux-là, pour distinguer le strabisme par paralysie de ceux que nous avons décrits jusqu'ici. Ce symptôme, c'est *la diplopie*, phénomène subjectif qui dure et persiste autant que la maladie, à moins que l'œil dont le système musculaire a été atteint de paralysie, ne soit en même temps plus ou moins frappé d'amblyopie.

Quand nous avons analysé le mécanisme de la production du strabisme intermittent, nous avons reconnu que sa cause immédiate ou prochaine était la production d'images doubles, primitivement très-peu distantes l'une de l'autre, et dues à l'insuffisance des muscles droits internes, dans le strabisme divergent, et des droits externes, dans le strabisme convergent. Pour peu distantes que fussent ces images, l'insuffisance musculaire qui les avait amenées, était par là même impuissante à les effacer. Mais, dominé par l'horreur que la fonction porte aux images doubles, le système musculaire se débarrassait spontanément de ce trouble, comparable à une vision bilatérale, et, portant ses forces en sens opposé, réduisait de lui-même la vision aux conditions monoculaires.

Dans le cas de paralysie, il n'en est pas ainsi. Les images doubles, quoique généralement plus distantes qu'elles ne le sont dans la première phase du strabisme périodique, persistent invinciblement à la place que leur a assignée le degré de la paralysie, et leur présence constante demeure le perpétuel témoin de la lésion supérieure. Mais pourquoi cette différence, se demandera-t-on? Pourquoi le système musculaire n'accomplit-il pas ici le sacrifice instinctif de l'un des deux yeux, pour se débarrasser de l'une des doubles images? Est-ce que dans ce cas-ci la fonction aurait moins horreur des doubles tableaux, et s'accommoderait, mieux que dans le premier cas, de la vision bilatérale? — L'expérience nous dit qu'il en est tout autrement, et que ces doubles images sont pour sujets les devant qui elles sont suspendues, un véritable supplice.

Où est donc la cause de cette différence dans les effets consécutifs de circonstances analogues en apparence? La voici, si nous ne nous abusons : dans l'analyse du strabisme périodique, nous avons vu que l'une des doubles images disparaissait du champ de la vision par le mécanisme suivant : le sujet, maître de son système musculaire associé, pouvait faire un moment abstraction de l'une des images suspendues devant lui, et fixer son attention, c'est-à-dire diriger ses deux axes optiques polaires sur l'autre image. Mais, dans ce mouvement ou dans cette situation, rien ne fixe, rien n'arrête l'œil dont le pôle n'est point le siége de l'image en question. Son axe se dirige en quelque sorte virtuellement dans une direction déterminée; mais nul objet, en rencontrant la macula ou le pôle optique, n'arrête son mouvement, ne fixe sa situation. Il continue donc le mouvement commencé de divergence ou de convergence, suivant les cas, ne s'arrêtant qu'aux limites naturelles de sa mobilité, aux bornes du balancement musculaire. En ce point, l'image fausse qui le gênait se trouve en rapport avec les régions les moins sensibles de la rétine et ne porte plus obstacle à l'accomplissement de la fonction.

Mais pourquoi, se demande-t-on, n'en est-il pas ainsi dans la paralysie?

Le système musculaire de l'œil malade n'est point mis, lors d'une paralysie partielle, dans l'impossibilité de se porter dans le sens favorable à la disparition de l'image gênante. Il jouit encore de toute sa force dans ce sens; c'est même le seul où il ait le pouvoir de se porter. Que lui manque-t-il donc pour effectuer ce mouvement de délivrance?

La question est délicate : voici, ce nous semble, comment on peut se rendre compte de ces différences d'agir de la fonction binoculaire dans les deux cas qui nous occupent.

Pour fixer les idées, comparons le système musculaire d'un sujet, atteint d'une légère insuffisance relative de l'un des droits externes, à celui d'un second sujet frappé d'une paralysie partielle du même muscle.

Ces deux sujets mis en présence d'un même objet, à la même distance, à la distance de 1 mètre si l'on veut, sont en état de strabisme convergent relatif, ils ont chacun une fausse image homonyme à gauche, à quelques dégrés de l'image vraie (nous supposons ici que la paralysie ou l'insuffisance portent sur l'œil gauche).

Dans le cas d'insuffisance (nous la supposons, bien entendu, insurmontable), le sujet, nous le savons, se débarrasse de sa diplopie en exagérant sa convergence, en se mettant en état de strabisme extrême.

Le paralytique n'en fait pas autant; il garde sa diplopie. Pourquoi?

Quelle différence y a-t-il entre ces deux sujets?

La suivante :

Quelle que soit la direction de l'attention du sujet frappé d'insuffisance, que l'objet soit porté à droite ou à gauche, la diplopie le suit : les muscles intacts, en synergie régulière sur une convergence donnée, se meuvent en partie liée, suivant la direction imprimée par l'attention, portant leur diplopie avec eux dans tous les sens. Mais cette diplopie, nous l'avons vu, s'efface bientôt si le sujet, faisant abstraction, par la pensée, de l'une des images, concentre son attention sur l'autre, généralement sur la plus nette. Il exagère son strabisme et se réduit instinctivement à la vision monoculaire.

Les phénomènes sont tout différents dans la paralysie. La diplopie qui apparaît, à partir de 1 mètre en ligne droite devant le sujet, ou si l'on porte l'objet visé ou l'attention sur la gauche, s'efface d'elle-même, au contraire, si l'objet ou l'attention sont dirigés sur la droite. Les muscles de l'un et de l'autre œil ne sont point unis en synergie fixe ; à l'état de strabisme convergent relatif pour la partie gauche du champ de la vision, ils recouvrent leur synergie régulière pour la moitié droite. Or pour celle-ci, le principe de la vision unique par l'accord des axes polaires, jouit de toute son énergie ; et si, pour la vision à gauche, le mécanisme décrit plus haut avait par hasard commencé à s'accomplir, il a suffi d'un moment d'attention dirigé sur la droite, pour détruire le chemin fait et remettre les choses *in statu quo*. Si la vision monoculaire a pu être réalisée un instant, l'instant suivant voit renaître et se reconstituer la vision binoculaire, une.

La diplopie, dans ces circonstances, serait donc à chaque instant effacée et reproduite avec tous les mouvements de la tête et de l'attention ; en outre, la distance des images doubles varierait à chaque instant. Le seul moyen qu'ait le sujet de s'affranchir de ces troubles consiste dans ces inclinaisons forcées et vicieuses de la tête, au moyen desquelles il oppose à l'espace ouvert devant lui le côté de son champ visuel commun pour lequel l'intégrité musculaire est conservée.

En deux mots, lors de l'insuffisance, la vision unioculaire peut s'établir et s'utiliser ; dans la paralysie cela n'a pas lieu, et la vision binoculaire et même simple peut à chaque instant se reconstituer, à moins que la paralysie ou le strabisme secondaire qui la suit n'exagèrent graduellement la discordance musculaire, n'éloignent assez l'image fausse, ne la portent assez loin, sur la région périphérique du champ visuel, pour en annuler la mauvaise influence.

Après cette discussion analytique, nous nous croyons en droit de persister plus que jamais dans la proposition formulée aux §§ 188 et 195 de notre *Traité de la vision binoculaire*, et dans laquelle nous avions énoncé que la diplopie binoculaire était à nos yeux le caractère pathognomonique de la paralysie des muscles de l'œil. Pour compléter, ou plutôt pour préciser le sens exact de cette proposition, nous devons y ajouter l'attribut de la persistance et dire : toute diplopie binoculaire *persistante* est l'indice d'une paralysie de quelqu'un des muscles de l'œil; et inversement, toute paralysie musculaire de l'un des yeux ou des deux yeux, aura pour premier symptôme la diplopie (nous supposons, bien entendu, la conservation de la vision suffisamment nette dans les deux yeux).

Il convient d'ajouter encore que la diplopie n'a pas lieu ici pour toute l'étendue du champ périphérique de la vision, à moins d'une paralysie ayant frappé tous les muscles. La diplopie paralytique est le plus souvent bornée à l'une des régions de l'espace, celle qui nécessite l'appel en exercice du muscle ou des muscles frappés d'atonie.

La diplopie de l'insuffisance serait, au contraire, générale, pour toute l'étendue des mouvements associés; mais nous avons vu qu'en ce cas, le sujet pouvait s'en débarrasser, en se réduisant à la vision unioculaire.

En tant que symptôme, dans une paralysie musculaire de l'œil, le strabisme ne tient donc plus le premier rang du tableau que présente l'affection. Il a cédé le pas à la diplopie. Aussi voit-on, dans les traités cliniques, caractériser souvent la paralysie entière ou complète, sous son expression symptomatique principale, la *diplopie.*

Ce symptôme est peut-être aussi le trouble le plus pénible pour les malades et celui qui réclame le plus impérieusement l'intervention de l'art. C'est donc sur lui qu'il est important de fixer plus particulièrement son attention : c'est lui qui devra régler la conduite du chirurgien.

Dans l'étude des images doubles, de leurs positions relatives, de leurs distances croissantes ou décroissantes; dans celle de leur inclinaison respective, nous allons puiser les renseignements les plus positifs, non-seulement sur la nature de la maladie, mais sur sa marche, sur son pronostic, sur le diagnostic différentiel de son siége ou des muscles paralysés : nous pourrions, dans la presque généralité des cas, faire abstraction de toute autre donnée symptomatique, et traiter l'affection sous son titre unique de diplopie: nous aurons, en effet, dans ce symptôme, tous les renseignements utiles, si nous supposons, toutefois, une vision suffisamment nette dans les deux yeux.

La paralysie est stationnaire ou progressive, ou, au contraire, régressive; la diplopie nous l'indiquera.

Dans le premier cas, nous n'aurons évidemment pour le plus souvent, et certainement dans les premiers temps, qu'à nous occuper de la cause et du traitement général, sans dédaigner pourtant les indications particulières propres à adoucir les misères de la diplopie ; nous voulons parler de l'usage des verres prismatiques, propres à amener la coalescence des images doubles pour la région médiane de l'espace, et remédier ainsi aux inclinaisons vicieuses de la tête et du tronc auxquelles le sujet serait instinctivement conduit pour se soustraire à ces apparences multiples des objets.

A cet effet, le traitement optique et le traitement palliatif non chirurgical, devant précéder le traitement opératoire, il est rationnel de commencer cette étude par celle des paralysies de chaque muscle en particulier; car c'est sur cette étude de détail que doit s'asseoir, en chaque cas, la conduite à tenir.

§ 53. — Symptômes généraux de la paralysie musculaire.

D'après ce premier exposé, un œil frappé de paralysie musculaire, complète ou incomplète, devra présenter les symptômes généraux suivants :

1° Un certain degré de strabisme convergent ou divergent, en haut ou en bas, suivant le muscle affecté. Ce strabisme apparaîtra, comme la diplopie, dans les circonstances que voici :

2° Apparition d'images doubles dans la vision binoculaire; ces images seront croisées, si le muscle atteint de paralysie appartient au système convergent; elles seront homonymes, si ledit muscle fait partie du système divergent; en d'autres termes, strabisme convergent relatif, diplopie homonyme; — et strabisme divergent relatif, diplopie croisée.

Ces images doubles se manifestent dès que l'on porte le point de mire dans un sens ou à une distance qui exigeraient l'action associée du muscle paralysé. Le mécanisme de ce strabisme relatif est facile à comprendre : arrivé dans la direction à partir de laquelle le muscle paralysé cesse toute action, l'axe optique de cet œil demeure fixe. L'objet dessine alors son image sur des régions de la rétine, qui ont, dans l'œil malade, des rapports inexacts avec l'axe de l'individu, et conséquemment avec la position régulière de l'image correspondante dans l'œil sain. Ainsi, est-ce le droit externe gauche qui est paralysé, quand on portera l'objet à la gauche de l'individu, l'œil sain suivra l'objet, et son axe optique sera toujours en rapport avec cet objet : cet objet sera toujours pour l'œil droit, et conséquemment pour l'individu lui-même, le centre du tableau. Dans l'œil malade (le gauche), au contraire, l'axe optique étant demeuré immobile, l'image de l'objet tombera dans la région interne de la rétine, laquelle correspond à la moitié gauche du champ de vision du sujet. L'objet sera donc pour l'œil droit au centre du tableau, et pour l'œil paralysé (le gauche) quelque part *dans* la moitié *gauche* de ce même tableau. Le strabisme convergent relatif qui s'est produit, sera donc en même temps accompagné de diplopie *homonyme ;* l'image fausse est à gauche ou du côté de l'œil paralysé.

On observerait le même mécanisme en sens inverse, si c'était l'adducteur qui fût paralysé; mais les images y seraient *croisées.*

De même encore, l'image fausse est plus *basse* que l'image vraie, si le muscle atteint appartient au système des muscles *abaisseurs* de l'œil; *plus haute, dans le cas contraire.*

Le strabisme relatif apparaît dans les mêmes cas, et s'exagère, avec la distance des images doubles, à mesure qu'on porte l'objet de l'attention davantage du côté du muscle paralysé.

3° Si on voile l'œil sain, appelant l'exercice actif de la vision sur l'œil malade, l'angle de la déviation de l'œil sain (déviation secondaire) est supérieur à celui de la déviation primitive. (Nous avons précédemment insisté suffisamment sur le mécanisme de ces déviations secondaires.)

Dans certains cas, les images sont inclinées; on trouvera dans les développements qui vont suivre les considérations spéciales à ces inclinaisons.

En nous fondant sur ces aperçus généraux, nous allons pouvoir étudier séparément la symptomatologie propre à la paralysie de chaque muscle de l'œil en particulier.

L'arrêt de mouvement, produit par les paralysies partielles ou totales, offre ce caractère apparent, qui le différencie du strabisme permanent ou concomitant, que la disjonction des axes n'est pas soumise à l'obligation de conserver la constance de l'angle de déviation, pendant les mouvements associés. Le strabisme apparent augmente avec les mouvements associés, quand l'objet est porté dans un sens, et diminue quand l'objet est porté dans le sens opposé. Il en est de lui comme de la distance des images.

Il est encore un symptôme très-frappant, et qui dénote souvent au médecin le genre de paralysie dont est affecté le malade, dès l'instant où il se présente à lui. C'est la direction inclinée que ce dernier donne à sa tête et à sa face pour diminuer le champ des images doubles, particulièrement pour les supprimer sur la ligne médiane, ligne que suit le sujet dans ses mouvements, et à la notion à laquelle se rapportent tous ses actes.

Le sujet a, par exemple, des images doubles, dès que l'objet de son attention est tant soit peu éloigné de la ligne médiane, et porté à gauche, ou éloigné de lui sur cette même ligne médiane, à partir d'un certain point, 15 pouces, nous supposerons.

Ce fait-là, révélé par le malade, nous apprend à l'instant que le système divergent de l'œil gauche est plus ou moins paralysé.

Mais le sujet n'avait pas même besoin de parler; pour peu qu'il ait la vision nette binoculaire, les objets situés tout droit devant lui, et au delà de 15 pouces, lui apparaissent doubles (diplopie homonyme); ceux de la moitié gauche du champ visuel semblent doubles également, tandis que ceux situés dans la moitié droite apparaissent simples.

Eh bien! ce double tableau, en face de soi, trouble toute espèce de rapports entre le sujet et les objets avec lesquels il est en relation. Mais ce trouble est surtout sensible en face du sujet : là les images doubles sont moins écartées; elles donnent lieu à de continuelles erreurs, rendent incertains tous ses mouvements, et jettent dans sa vie de relation une indécision qui le trouble jusqu'au vertige.

Que fait le sujet? L'instinct lui apprend qu'en se tournant en un certain sens, les objets situés sur la ligne médiane, et ceux situés quelque peu sur sa gauche, et qui, auparavant, lui paraissaient doubles, sont ramenés à l'unité. Le sens vers lequel il doit diriger ses regards, pour produire cet effet, est naturellement l'inverse de celui dans lequel devraient être portés les objets situés sur la ligne médiane, pour être compris dans la moitié du champ de la vision dépourvue d'images doubles. Dans notre hypothèse, le champ de la vision simple est à droite; le sujet doit donc porter sa tête vers la gauche : ce mouvement amène en face des objets le champ de la vision simple.

Le même effet eût pu être produit en dirigeant vers la moitié droite du champ visuel les rayons partis des objets de la ligne médiane : un prisme à sommet interne, placé devant l'œil gauche, eût produit le même effet.

Ce que nous venons de dire de la paralysie du droit interne, s'appliquerait de même façon à la paralysie de quelque muscle que ce soit. Nous ferons cette application dans l'étude particulière de chacune de ces paralysies.

§ 54. — Étude des paralysies musculaires de l'œil, considérées dans chaque muscle pris isolément. — Paralysie du droit externe.

Les considérations qui précèdent ont montré que le principal symptôme de ces paralysies devait se reconnaître dans le fait des doubles images qui apparaissent aussitôt qu'on porte l'objet visé dans le sens du mouvement entravé. Nous serons donc d'accord à la fois et avec la physiologie et avec la pathologie, en établissant la classification sommaire de ces paralysies, plutôt encore sur le sens du mouvement perdu, que sur la désignation première du muscle même atteint par la paralysie. Cette précaution montrera ses avantages dans l'étude des mouvements en haut ou en bas, et dans celle des directions obliques.

Comme il convient d'ailleurs de procéder du simple au composé, considérant la grande simplicité physiologique des mouvements en dedans et en dehors, qui ne dépendent chacun que d'un seul muscle, nous commencerons par ceux-ci; comme, de plus, le mouvement en dehors a un nerf spécial et unique à son service, l'étude de toutes la plus simple sera donc celle de la paralysie du mouvement en dehors, ou du droit externe, ou de la sixième paire crânienne. C'est donc par elle que nous devrons commencer.

PARALYSIE DU MOUVEMENT EN DEHORS.

Paralysie de la sixième paire crânienne ou du muscle droit externe ou abducteur.	(Dans tous les exemples qui vont suivre nous supposerons que l'œil malade est l'œil gauche.)

Signes objectifs. — Premier signe : Diminution ou suspension de la mobilité de l'œil gauche vers la gauche.

Deuxième signe : Strabisme *convergent* apparent, dès que l'objet est porté dans le champ gauche de la vision. Le strabisme croît à mesure que l'objet est porté davantage sur la gauche.

Ce même strabisme apparaît lorsqu'on *éloigne* de l'individu le point de mire qu'on lui présente.

Troisième signe : L'angle de déviation secondaire est plus grand que celui de la déviation primitive.

Symptômes subjectifs. — Diplopie homonyme, correspondant au strabisme convergent qui se manifeste quand on porte l'objet visé dans la moitié gauche du champ de la vision, ou qu'on l'éloigne du sujet dans la ligne médiane.

L'écartement des images croît avec ce mouvement de l'objet.

Les images se confondent sur la ligne médiane, à moins que la paralysie ne soit absolue et qu'on n'éloigne l'objet visé du sujet. Dans les cas ordinaires, où la paralysie n'est pas complète, les doubles images apparaissent plus ou moins vite pendant le transport de l'objet en dehors et à gauche.

Inclinaison des images. — Mouvements associés des yeux dans les plans cardinaux.

Nous savons que, physiologiquement, le muscle droit externe est sans aucune action directe sur le méridien vertical; sa paralysie semble par conséquent ne devoir entraîner aucune inclinaison du méridien, dans les circonstances où il agit seul.

Dans les mouvements cardinaux associés, nous n'avons donc à attendre aucun effet d'inclinaison des images.

En est-il de même dans les mouvements obliques?

Nous savons que non.

Dans le regard oblique en dehors, soit en haut, soit en bas, le méridien vertical porte dans le même sens celle de ses extrémités la plus rapprochée de cette direction.

Supposons le premier cas. — L'objet visé est porté en haut et à gauche.

Étudions les mouvements exécutés alors par chaque œil.

Premièrement : l'œil droit, le sain, que fait-il? Il se dirige en haut et à gauche; la pupille s'élève et se porte dans l'angle indiqué, entraînée par l'action *en haut* du droit supérieur et de l'oblique inférieur, et par l'action en *dedans* du droit interne. (Voy. § 7.) Mais, par suite de la rotation de l'œil dans le sens de la convergence, la composante convergente et rotatrice en dedans du droit supérieur, augmente de valeur relative avec le mouvement, pendant que ses antagonistes dans l'oblique inférieur diminuent. Il résulte de là une inclinaison du méridien vertical (MV) droit *en dedans* (par son extrémité supérieure).

Qu'arrive-t-il à gauche?

L'œil gauche *veut* se porter en haut et à gauche, mais il ne peut se porter qu'en haut. Le droit externe (composante divergente du mouvement oblique en dehors, voy. § 5) fait défaut. La pupille monte alors dans le plan vertical, à peu de chose près, à la même hauteur que celle de l'œil droit; mais elle ne se porte pas en dehors. Le méridien vertical demeure vertical.

Or, qu'observe-t-on quand on étudie les phénomènes subjectifs? L'image verticale dessinée dans l'œil droit, dont le MV s'est incliné en haut, à gauche, paraît droite, tandis que celle de l'œil gauche, *dont le* MV *ne s'est pas incliné,* paraît au contraire inclinée; et dans quel sens est-elle inclinée? Elle paraît comme elle serait jugée, si elle était dessinée dans le méridien parallèle au méridien MV de l'œil droit.

Or, ce dernier serait incliné en haut, à gauche : l'extrémité supérieure de l'image est donc appréciée par le sensorium, comme si elle était inclinée en haut et à gauche, c'est-à-dire le pied de l'objet porté sur la *droite* du sujet.

Or, on sait que les images sont homonymes (le strabisme est convergent); cette analyse nous apprend donc que, lors de la paralysie de l'abducteur gauche, si l'on porte l'objet en haut et à gauche, les doubles images seront inclinées l'une sur l'autre, leurs *pieds rapprochés*.

Par une discussion identique, nous pourrions prévoir que si l'on porte l'objet toujours *à gauche,* mais *en bas,* les images homonymes seraient *écartées par leurs pieds;* elles *convergeraient* par en haut.

§ 55. — Attitudes vicieuses. — Prismes correcteurs.

Nous avons exposé, dans le paragraphe relatif à la symptomatologie générale, comment, pour se débarrasser des images doubles du plan médian ou de son voisinage, le sujet atteint de paralysie du droit externe (gauche) devait tourner la tête vers la gauche ou du côté du muscle paralysé; attitude qui, pour le médecin, devient caractéristique, et lui permet d'asseoir le diagnostic, même avant d'interroger son malade. Par ce mouvement, le malade porte en face de son axe de figure la moitié droite ou commune de son champ de vision, et, sous cette réserve gênante et même dangereuse, devient apte à satisfaire aux exigences de sa vie extérieure.

Nous avons vu encore que, dans ce cas, le médecin peut lui apporter un grand secours, et le préserver des inconvénients douloureux de cette attitude vicieuse, en armant ses yeux de prismes qui dévient sur la droite les rayons qui viennent frapper les yeux, c'est-à-dire de prismes à sommet dirigé vers la droite. Cette discussion suppose que l'on ait présent à l'esprit le mécanisme des projections virtuelles, et au dehors, dans l'espace, des images dessinées sur les rétines pendant l'accord, comme pendant la désharmonie, des axes oculaires.

Pour que le lecteur puisse bien se rendre compte de toutes les variations subjectives de position des images, lors de la discordance des axes, nous allons, avant de continuer cette étude dans les autres muscles, revenir sur les principes qui doivent guider dans cette analyse. Ce soin va être l'objet du paragraphe suivant, après la lecture duquel il conviendra de reprendre l'étude symptomatologique de la paralysie du droit externe qui pourrait n'être pas suffisamment claire sans cette précaution.

Nous l'avons d'ailleurs déjà exposée une première fois dans l'analyse des mouvements physiologiques des muscles (§ 7).

§ **56.** — Principes au moyen desquels on pourra déterminer le sens de l'inclinaison apparente des images doubles dans la paralysie des muscles de l'œil.

L'inclinaison d'une image fausse sur l'image régulière, dans la diplopie binoculaire, sera d'abord rapportée au plan vertical médian du sujet, au moyen de l'argumentation suivante :

1° L'inclinaison susdite a lieu, soit par le fait de l'inclinaison du méridien vertical (MV) de l'œil paralysé, lors d'un mouvement associé qui ne suppose pas cette inclinaison ;

2° Soit, au contraire, par la non-inclinaison du même méridien dans un mouvement où elle devrait avoir lieu.

La première chose nécessaire dans cette étude diagnostique, sera donc de se rappeler la situation que doivent prendre, dans les mouvements qu'on ordonne au malade, les méridiens verticaux (MV).

Ordonne-t-on un mouvement régulier suivant la verticale, on sait que, dans un tel cas, les deux méridiens verticaux restent parallèles et verticaux. Si donc l'image fausse est inclinée, on en conclura que le MV de l'œil paralysé s'est lui-même incliné quand il ne devait pas le faire.

Un objet mince, verticalement tenu, dessinera une image parfaitement verticale et renversée dans les deux yeux. Cette image sera en outre tout entière dans le MV même de l'œil non paralysé; mais dans l'autre œil, non. Le MV y a nécessairement pris une inclinaison anormale, puisque l'image fausse paraît inclinée.

Or, ledit méridien est droit pour le sensorium; le sujet n'a pas conscience de son inclinaison. L'image, droite en réalité, mais inclinée relativement à ce méridien, portera donc au sensorium l'impression d'une inclinaison sur le plan vertical médian du sujet. Cette inclinaison subjective de l'image est d'ailleurs en sens contraire de celle réelle du MV.

Ainsi (prenant pour point de repère leurs extrémités supérieures à l'un et à l'autre), si le MV s'est incliné en *dedans* par en haut, l'image verticale est appréciée par le sensorium comme si son extrémité supérieure faisait avec le plan médian un angle ouvert en dehors, et égal à celui que le MV fait vicieusement en dedans.

Voilà pour le dessin du fond de l'œil. Pour passer de là aux sensations subjectives, il faut renverser ces indications dernières. Les objets et leurs images ne sont-ils pas renversés, les uns relativement aux autres?

L'extrémité supérieure de l'image dessinée dans le plan vertical de l'œil, donne dans ce cas, avons-nous dit, au sensorium, l'impression qu'eût produite une image semblable, inclinée (l'œil étant dans sa position normale) en haut et en *dehors* du MV.

Or, pour chaque œil, l'hémisphère extérieur correspond au côté des objets, interne par rapport au sujet; c'est-à-dire au côté gauche du sujet pour l'œil droit, au côté droit pour l'œil gauche. Supposons donc qu'il s'agisse de l'œil gauche, que ce soit lui l'œil malade.

L'image fausse y est censée inclinée en *dehors* (par son extrémité supérieure, le MV s'étant porté en *dedans*).

Cela veut dire que le pied de l'objet (lequel correspond à l'extrémité supérieure de l'image) est porté vers *la droite* du sujet.

L'image vraie étant verticale, ce même pied sera donc *écarté* de celui de cette dernière image, si les images sont *croisées*. — Il en semblera, au contraire, *rapproché*, si elles sont *homonymes*.

Qu'on n'oublie pas ce moyen directeur de l'argumentation délicate que nous suivons ici, car rien n'est aisé comme d'y faire confusion.

Le second cas comprend les circonstances dans lesquelles l'inclinaison de l'image fausse doit être attribuée à un mouvement du méridien vertical qui a fait défaut.

Il est clair qu'il s'agit ici des mouvements obliques.

La méthode analytique n'est pas moins simple que dans le cas précédent.

Prenons toujours l'œil gauche pour l'œil malade, celui pour lequel l'image est fausse. On le sait à l'avance par l'étude de la mobilité diminuée, ou complétement suspendue.

Dans l'œil gauche, disons-nous, l'image fausse est inclinée, lors d'un mouvement oblique. Cela ne peut se rapporter qu'à un mouvement d'inclinaison du MV qui a fait défaut dans cet œil. Les images de l'objet même, tenu verticalement, sont droites *comme dessin;* mais une seule est droite comme *sensation,* celle de l'œil sain.

Or, nous savons que dans cet œil, le MV s'est incliné dans un certain sens, et l'image verticale, qui fait avec ce méridien mobile un angle donné, semble cependant toujours verticale. Cela veut dire que le sensorium apprécie très-exactement la position du MV par rapport à l'image, et réciproquement.

Mais, dans l'autre œil, l'image, dont le dessin est vertical, paraît pourtant inclinée! Qu'est-ce à dire? que le méridien MV, qui est demeuré droit et vertical, est jugé incliné et en parallélisme avec celui de l'autre œil, par le sensorium. L'image, qui est dessinée dans ce méridien demeuré droit, est donc appréciée comme si elle était dessinée dans le méridien parallèle au MV de l'œil sain.

L'image verticale produit donc le même effet que si elle était, dans un œil sain, dessinée sous l'inclinaison que devait prendre le méridien retardataire.

Cette donnée bien déterminée, le reste est aisé. Le MV de l'œil malade devait se porter, avons-nous dit, *en dedans,* par son extrémité supérieure : c'est en ce sens-là qu'est aussi censée inclinée la même extrémité de l'image.

Or, il s'agit de l'œil gauche; et c'est *en dedans* qu'est censée inclinée l'extrémité supérieure de l'image. Le pied de l'objet (partie correspondante de ce point de l'image) est donc dirigé *en dehors,* c'est-à-dire *à gauche,* puisqu'il faut renverser les directions.

Le pied sera donc ou *écarté* ou *rapproché* de celui de l'image vraie, suivant que les images doubles seront *homonymes* ou *croisées.*

Ces principes posés, l'étude détaillée des paralysies musculaires de l'œil va être d'un facile accès.

§ 57. — Paralysie du droit interne (gauche).

Mutatis mutandis, la même méthode que nous avons suivie pour le droit externe, serait applicable à l'analyse des symptômes de la paralysie du droit interne.

Symptômes objectifs :

1° Diminution de la mobilité en dedans; prédominance manifeste de l'abducteur ;

2° Strabisme divergent apparent dès qu'on porte l'objet à droite; ce strabisme augmente avec le mouvement de l'objet dans ce sens;

3° L'angle de déviation secondaire est plus grand que l'angle de déviation primitive.

Symptômes subjectifs :

Diplopie *croisée*, traduisant subjectivement le degré du strabisme divergent; la distance des images croît à mesure qu'on porte l'objet sur la droite du sujet (du côté du muscle paralysé).

Par la même raison que pour le droit externe, aucune inclinaison des images ne s'observe quand l'objet est transporté dans le plan horizontal. Le droit interne n'a, pas plus que son antagoniste, d'action sur l'inclinaison du méridien vertical de l'œil.

Mais ce qui ne se rencontre pas dans les mouvements cardinaux, va pouvoir s'observer dans les mouvements diagonaux du regard intentionnel. La discussion de ce cas va nous fournir l'occasion d'appliquer immédiatement les principes posés dans le paragraphe précédent.

Si le droit interne n'exerce, en fait, aucune action sur la verticalité du méridien vertical principal de l'œil, nous ne devons pas oublier qu'il est une des composantes obligées du mouvement diagonal, dont l'autre composante serait elle-même la résultante de l'action combinée des muscles du mouvement en haut (droit supérieur, oblique inférieur) ou du mouvement en bas (droit inférieur, oblique supérieur).

Or, si l'on veut porter le regard associé en haut et en dedans, ou bien en bas et en dedans, le droit interne gauche, dans le cas qui nous occupe, va faire défaut. L'œil droit porte en dehors l'extrémité supérieure de son méridien vertical (MV), par la même action qui élève la pupille et la porte en dehors.

Mais à gauche que se passe-t-il ?

La composante verticale manifeste son action ; la pupille s'élève à la même hauteur qu'à droite. Mais le droit interne n'appelle pas en dedans la pupille.

D'autre part, que devient le MV de l'œil paralysé ?

Évidemment, il reste droit : celui de l'œil sain ne s'incline que par suite du mouvement latéral produit. Ce mouvement détermine, comme nous l'avons vu au § 5, la supériorité d'action des composantes secondaires de l'oblique inférieur sur celles du droit supérieur dans cet œil ; et il est nécessaire pour que cette prédominance ait lieu.

L'absence d'un mouvement corrélatif à ce dernier, dans l'œil malade, y laissera donc le MV dans sa position verticale.

Cela posé, que seront les impressions fournies par les images?

Nous sommes ici en présence du deuxième cas de la discussion du paragraphe précédent.

Il y aura inclinaison virtuelle d'une des images, par suite de l'immobilité du MV, quand ce méridien aurait dû s'incliner.

Les deux dessins dans les rétines sont verticaux; mais celui-là seul donne lieu à une image verticale dont le MV s'est incliné.

Le dessin tracé dans le MV demeuré vertical, paraîtra donc incliné dans le sens qu'est censé avoir pris ledit méridien.

Or, ce méridien est censé incliné, son extrémité supérieure en dedans;

L'extrémité supérieure du dessin rétinien de l'œil malade aura donc sa projection virtuelle reportée en *dehors*. Or, le point supérieur du dessin correspond au *pied* de l'image virtuelle extérieure; ce sera donc ce point qui semblera dévié *en dehors* ou *sur la gauche*.

De plus, nous savons que les images sont croisées; ce déplacement fera apparaître en sens inverse, c'est-à-dire *rapprochés* l'un de l'autre, les *pieds* des deux images. Les doubles images *divergeront* par *en haut*.

Si, au lieu de porter l'objet en haut et en dedans, c'était en bas et toujours en dedans qu'on le portât, le MV qui demeure vertical serait, par le sensorium, jugé dans l'inclinaison, l'extrémité inférieure en dedans. Le pied du dessin rétinien impressionnerait donc le sensorium comme s'il était incliné en dedans. Le sommet de l'image virtuelle de l'œil gauche serait donc reporté *en dehors* ou à gauche.

Les images d'ailleurs sont *croisées;* les têtes des images seraient donc *rapprochées* l'une de l'autre; les doubles images *convergeraient* par le haut.

§ 58. — Attitudes vicieuses. — Prismes correcteurs.

De même que dans la paralysie du droit externe, la diplopie binoculaire qui décèle la paralysie du droit interne, impose au malade une attitude vicieuse et forcée. Cette attitude est celle qui porterait la face vers la région droite de l'espace ou du côté du muscle paralysé.

De même encore devrait être renversé le sens des prismes déviateurs. L'angle doit en être tourné du côté externe à gauche, ou la base en dedans, comme cette même base doit être tournée en dehors pour le prisme opposé à l'œil sain. De cette façon les rayons sont déviés dans le sens utile, et une inclinaison vicieuse de la tête évitée.

En résumé :

Caractères différentiels :

PARALYSIE DU

Droit externe.	*Droit interne.*
MOUVEMENTS CARDINAUX :	
L'objet est porté *en dehors :* Images doubles homonymes.	L'objet est porté *en dedans :* Images doubles *croisées.*
(Leur distance croît avec le mouvement.)	
MOUVEMENTS OBLIQUES.	
Droit externe.	*Droit interne.*
L'objet est porté *en haut et en dehors.*	L'objet est porté *en haut et en dedans.*
Images inclinées divergeant en haut.	Images inclinées divergeant en haut.
L'objet est porté *en bas et en dehors.*	L'objet est porté *en bas et en dedans.*
Images inclinées convergeant en haut.	Images inclinées convergeant par le haut.
PRISMES CORRECTEURS.	
La base *en dehors.*	La base *en dedans.*

§ **59**. — Légère inégalité de hauteur des images. — Sa cause.

Il est, dans ces deux exemples de paralysie, une addition à présenter : les images doubles que nous venons d'étudier, nous les avons supposées à la même hauteur. Ce n'était pas tout à fait exact. Les pupilles s'y trouvent à la même hauteur, non pas les images. La raison en est simple. De même que le méridien vertical MV, le méridien qui lui est perpendiculaire exécute un mouvement d'inclinaison. Si donc les lignes verticales paraissaient inclinées, par suite de la non-inclinaison du méridien qui devrait exécuter ce mouvement, les directions horizontales, ou exactement perpendiculaires aux MV, paraîtront faire le même angle avec la direction régulière de l'horizon. Le centre de l'objet, qui dans l'œil sain correspond, je suppose, à la macula, déplacé dans l'œil malade par la divergence ou la convergence anormales, paraîtra donc ou plus haut, ou plus bas que le point correspondant dans l'œil sain, suivant que le mouvement du méridien horizontal l'aura porté au-dessus ou au-dessous de son homologue.

Il est donc simple qu'une légère inégalité dans la hauteur des images s'observe dans les circonstances que nous venons de décrire; et c'est, en effet, ce qui a lieu. Il sera, dans chaque cas, aisé d'apprécier la signification exacte de cette légère inégalité de hauteur.

NEUVIÈME LEÇON

PARALYSIE DU MOUVEMENT EN HAUT

§ **60**. — Étude comparée des paralysies du droit supérieur et de l'oblique inférieur.

Si le mouvement direct de la cornée en dehors ou en dedans est l'effet exclusif, et facile à préciser, de la contraction, soit de l'abducteur, soit de l'adducteur, les autres muscles se bornant à maintenir le système dans l'équilibre de forme et de position qui a fait l'objet de nos analyses antérieures, on sait que le mouvement de l'œil en haut ou en bas est moins simplement déterminé, et que deux forces, toutes deux simultanément actives, sont nécessaires à sa production.

Dans le mouvement de la pupille directement en haut, nous savons que nous ne devons pas séparer, dans leur action synergique, le droit supérieur de l'oblique inférieur, ni, dans le mouvement en bas, le droit inférieur de l'oblique de nom contraire. Chacun de ces groupes de muscles devra représenter pour nous une action résultante unique, dirigée en haut ou en bas. Cette force unique est d'ailleurs la seule apparente en fait dans les mouvements associés directs. Dans ces directions cardinales, toutes leurs composantes secondaires s'annulent réciproquement ; celles-là seules se manifestent qui sont dirigées de façon à produire le même effet ou des effets qui s'ajoutent. Nous rappellerons, en outre, que dans les mouvements obliques, quelques-unes de ces composantes secondaires apparaissent ; on les voit se manifester dans les inclinaisons précédemment décrites des méridiens verticaux, lors des mouvements associés obliques. Nous allons appliquer ces données à l'étude diagnostique des paralysies de ces muscles.

§ 61. — Caractères subjectifs de la paralysie du droit supérieur. — Mouvements cardinaux.

Pour procéder du simple au composé, envisageons d'abord les mouvements directs ou dans les plans cardinaux.

Commençons par le droit supérieur :

Le muscle *droit supérieur* nous représente trois composantes (voy. § 5), l'une directement verticale, agissant de bas en haut; la seconde, agissant dans le sens de la convergence ; la troisième, exerçant sur le MV une action rotatrice qui porte son extrémité supérieure en dedans. Ce sont ces deux dernières composantes qui, lors des mouvements associés physiologiques, directs ou cardinaux, se voient directement et expressément annulées par les composantes secondaires de l'oblique inférieur.

Supposons donc ce muscle (le droit supérieur) paralysé : qu'arrivera-t-il lors du mouvement direct en haut ?

La somme des composantes verticales qui portent physiologiquement la pupille en haut, se trouve réduite à la seule composante fournie par l'oblique inférieur. Le mouvement en haut aura donc toujours lieu, mais, évidemment, dans une moindre étendue que dans l'autre organe. Cette différence d'élévation, reconnaissable objectivement, sera surtout sensible subjectivement. En d'autres termes, les images du même objet, portées en haut, se peindront dans les deux rétines en des régions différentes, sur l'axe optique dans l'œil sain, dans l'hémisphère inférieur pour l'œil malade. Des impressions doubles seront la conséquence de cette anomalie; l'image, dans l'œil malade, sera projetée virtuellement plus haut que celle de l'œil sain. Il y aura diplopie par inégalité de hauteur des images, ou plutôt par faux jugement sur leur position respective.

Tel est donc le PREMIER SYMPTÔME qui accusera la paralysie du *droit supérieur. La diplopie par différence de hauteur des images quand on portera l'objet directement en haut, dans le plan médian de l'individu.*

On voit que ce signe, s'il était seul, caractériserait tout aussi bien la paralysie de l'oblique inférieur. Pour celle du droit supérieur, les autres caractères, que nous allons mettre en lumière, vont bientôt nous permettre de les différencier. Ces caractères, nous allons les retrouver dans l'étude des composantes secondaires. Occupons-nous d'abord de la composante adductrice ou convergente qui, paralysée avec le muscle droit supérieur, ne tient plus en équilibre son antagoniste directe, la composante abductrice ou divergente de l'oblique inférieur. Cette composante, annulée lors de l'état physiologique, va donc se manifester ; elle va porter le globe dans la divergence, en même temps que la composante verticale porte la pupille en haut. Les deux yeux vont donc se trouver en état de strabisme *divergent*, en d'autres termes, la diplopie va être *croisée*.

2e CARACTÈRE DIFFÉRENLIEL. — En même temps que la composante divergente de l'oblique inférieur vient de se manifester, l'action rotatrice que l'oblique inférieur exerce, et qui porte en dehors l'extrémité supérieure du méridien vertical MV, n'étant plus contre-balancée, apparaît également. Le méridien vertical s'incline *en dehors* par son extrémité *supérieure*.

Que deviennent les images en ce cas? Rappelons les principes posés au § 56 : quand le MV, qui doit demeurer vertical, s'incline anormalement lors des mouvements associés, l'image produit sur le sensorium l'impression qu'elle produirait, si, le méridien étant demeuré vertical, ladite image était dessinée sur la rétine en sens contraire ; ici, son extrémité supérieure étant inclinée *en dedans*, l'objet sera donc vu avec son pied dirigé en dehors, c'est-à-dire, comme il s'agit ici de l'œil gauche, avec son pied dirigé *à gauche* et son extrémité supérieure par conséquent *à droite*. Comme nous avons reconnu d'ailleurs que lesdites images étaient *croisées*, ces deux images sembleront donc au sujet inclinées l'une sur l'autre *et s'écartant par en haut*.

§ 62. — Suite. — Mouvements obliques en haut.

A le bien prendre, et pour s'en tenir aux données exactement nécessaires, ces caractères seraient suffisants pour établir le diagnostic différentiel de la paralysie du *droit supérieur*. Pour être complet, étudions cependant encore les modifications que pourront apporter, dans la position respective des images, les mouvements obliques ou diagonaux.

Voyons d'abord ce qui va se passer quand on portera l'objet *en dehors* en même temps qu'*en haut*.

Lors de ce mouvement, la composante de la divergence augmente dans l'oblique inférieur et, avec elle, la puissance rotatrice qui incline en dehors le méridien vertical de l'œil malade; on devrait penser dès lors que l'inclinaison des images l'une sur l'autre va se voir accrue; mais comme ce transport de l'objet porte le MV de l'œil sain dans le même sens, cet effet loin d'être augmenté va, au contraire, se voir diminué.

L'action de la composante rotatrice du droit supérieur pendant le mouvement en *dedans* et en haut (œil sain) va, en effet, en augmentant pendant le mouvement de l'objet en dehors, sur la gauche, tendant ainsi à se mettre en rapport de grandeur avec celle de l'oblique inférieur qui renverse en dehors le méridien de l'œil malade. A la limite du mouvement diagonal, ces deux composantes sont égales, puisque, dans les mouvements physiologiques associés extrêmes, ces méridiens sont toujours dans le parallélisme, et que ce sont ces forces qui les y maintiennent, en cette inclinaison, et pour ainsi dire, à elles seules.

Si le mouvement *en dehors* et en haut de l'objet visé a pour effet de *diminuer* l'inclinaison relative des images, il a, par contre, sur *leur hauteur relative* une tout autre influence.

Le mouvement en dehors a en effet une action prononcée sur la différence d'élévation de la pupille dans l'œil sain et dans l'œil malade. A mesure que ce dernier est porté dans la divergence, la composante verticale de l'oblique inférieur est relativement diminuée. L'œil malade s'élève ainsi d'autant moins.

La différence de hauteur de projection s'accroît donc d'autant plus, et l'on reconnaît ainsi, que pendant ce mouvement en dehors, *la hauteur relative de la fausse image s'accroît avec la divergence.*

Supposons maintenant que l'on porte l'objet *en dedans* et toujours en haut. La composante verticale de l'oblique inférieur augmentera relativement : la différence de hauteur des images diminuera d'autant. Quant au mouvement de rotation qui s'exerce en portant le méridien vertical de l'œil gauche en dehors, il est facile de reconnaître qu'il diminuera; mais, d'un autre côté, ce mouvement de transport de l'objet ou d'obliquité du regard en dedans ou en haut, porte en dehors l'extrémité supérieure du méridien vertical de l'œil sain. Ces deux effets rotateurs s'ajoutent donc au lieu de se contre-balancer en tout ou en partie, comme dans le premier cas. L'inclinaison respective des images *augmentera donc au lieu de diminuer.* Tels seront les effets des mouvements obliques. Nous les résumerons en disant que le mouvement *en dehors et en haut* augmentera la différence de hauteur des deux images, et le mouvement en dedans leur inclinaison relative. Les caractères principaux étant toujours ceux fournis par les mouvements directs et se résumant comme il suit :

Diplopie croisée.— Image fausse plus haute que l'image vraie.

Divergence des deux images par leur extrémité supérieure.

Ces symptômes ne se montrant, il est bien entendu, que lorsque l'objet visé est porté dans la moitié supérieure du champ de la vision.

§ **63**. — Caractères subjectifs de la paralysie de l'oblique inférieur (gauche).

L'analyse précédente va puissamment nous aider dans la détermination du caractère de la paralysie de l'oblique inférieur.

Ce muscle est, comme nous venons de le dire dans le paragraphe précédent, le congénère absolu et unique du droit supérieur. Son action directe, la composante principale du moins de cette action, s'ajoute à celle du précédent. Les composantes secondaires seules diffèrent, et leur direction, on le sait, est exactement contraire à celle des composantes secondaires du droit supérieur.

Il suit de ce premier aperçu que les symptômes généraux de l'une et de l'autre paralysie présenteront un certain nombre de caractères communs. En premier lieu, le sens de la suspension ou de la diminution de la mobilité. Ce sera seulement, comme dans le cas précédent, quand le regard devra se porter dans la moitié supérieure du champ visuel, que cette altération s'observera dans la mobilité. Comme dans le cas précédent, même en supposant une paralysie complète de l'oblique inférieur, la mobilité en haut ne sera que *diminuée*, la composante verticale du droit supérieur continuant, elle, à exercer son action.

La pupille, dans cet effort, se portera donc en haut, mais à un moindre degré que du côté sain.

Mais passons aux symptômes subjectifs qui jouent ici, à tous égards, le principal rôle et suffisent pleinement à l'établissement du diagnostic différentiel.

A cette diminution de la mobilité dans le sens vertical supérieur, correspond subjectivement la diplopie par inégalité de hauteur. Comme dans le cas du droit supérieur, l'image fausse, correspondant à la moitié *inférieure* de la surface de la rétine, pendant que l'image vraie demeure centrale dans l'œil droit, sera projetée plus *haut* que cette dernière.

Occupons-nous des autres composantes, et prenons d'abord les mouvements cardinaux.

Nous n'avons qu'à renverser les termes de la précédente analyse. Dans la paralysie du droit supérieur, la composante de la convergence éteinte, laissait apparaître son antagoniste exacte, la composante divergente de l'oblique inférieur. Ici, c'est l'inverse qui va avoir lieu : cette dernière est en léthargie, la composante de la convergence se montre dès lors aussitôt. Le strabisme *convergent* apparaît avec le mouvement en haut et s'accuse au malade par le sens des doubles images que nous avons reconnu tout à l'heure être à des hauteurs différentes. Ces images sont donc ici *homonymes*.

3ᵉ CARACTÈRE. — *Composantes de la rotation.* — La composante qui, lors de l'action de l'oblique inférieur, tendrait à porter en dehors l'extrémité supérieure, du méridien vertical de l'œil malade (le gauche) est anéantie; son antagoniste, la composante du droit supérieur, qui tend à ramener en dedans l'extrémité supérieure du même méridien, va donc se trouver en évidence. Le méridien vertical de l'œil gauche s'incline *en dedans* par son extrémité supérieure. L'image est donc jugée (voir le § 56) comme si elle était inclinée *en dehors* (toujours par son extrémité supérieure). Le pied de l'objet sera donc vu en dedans, c'est-à-dire *à droite*, par le sujet, ou l'image inclinée de bas en haut et de droite à gauche.

Or, les deux images sont homonymes ; elles seront donc plus voisines par leurs pieds que par leur tête ; elles s'écarteront *en haut*.

La diplopie, dans les mouvements directs, offrira donc le tableau suivant :

Les images seront *homonymes;* l'image fausse sera plus *haute* que l'image vraie; elles seront *divergentes* en haut.

§ **64**. — Suite. — Mouvements obliques ou diagonaux (toujours dans le champ supérieur de la vision).

1° On porte l'objet en haut et en dehors, c'est-à-dire *à gauche.*

Dans le mouvement physiologique, le MV doit s'incliner dans ce même sens dans l'œil malade; mais la composante même, qui produit cet effet dans l'état physiologique, est endormie, son antagoniste apparaît. Seulement on remarquera que dans le mouvement divergent, cette composante antagoniste diminue d'influence avec le degré d'étendue du mouvement en dehors. L'effet résultant diminuera donc lui-même avec ce mouvement; le MV s'incline de moins en moins en dedans, à mesure que se prononce le mouvement.

Mais, d'autre part, il y a lieu de considérer ici le méridien vertical de l'œil sain; celui-ci s'incline également en dedans pendant le transport de l'objet, en sens contraire de son correspondant dans l'autre œil ; ce mouvement d'inclinaison change donc le rapport qui semblait s'établir, et les deux méridiens verticaux font, en somme, un angle d'autant plus grand que le mouvement de l'objet s'accuse davantage en dehors. L'inclinaison déjà définie des deux images se prononce donc d'autant plus que ce mouvement atteint une proportion plus forte.

Quid de la hauteur relative des images?

Dans le mouvement *en dehors* et *en haut*, la composante verticale du droit supérieur seule en exercice, pour porter le globe en haut, voit son influence augmenter à mesure que le mouvement de divergence se prononce davantage. La différence de hauteur doit donc diminuer, l'image fausse s'élevant relativement moins, pendant le mouvement associé du regard dans la diagonale en haut et en dehors.

2° *Mouvements diagonaux en dedans et en haut.* — L'inclinaison physiologique du méridien vertical de l'œil malade est ici en quelque mesure satisfaite. Avec le mouvement de convergence et la tendance supérieure du regard, la composante rotatrice du droit supérieur qui se manifeste, accuse sans doute son action plus que de raison, mais elle le fait dans le sens physiologique. Les deux méridiens ne sont pas encore en concordance, mais leur discordance diminue, car ils s'inclinent tous deux dans le même sens, en tendant vers une inclinaison égale.

L'inclinaison relative des images diminue donc dans la même mesure.

Quant à la hauteur relative des images, on remarquera que ce même mouvement de convergence place le droit supérieur dans une situation moins avantageuse relativement au méridien horizontal de l'œil. Le mouvement d'élévation de la pupille diminue donc relativement : la différence de hauteur relative des images augmente donc dans la même proportion.

Cette paralysie, isolée, est pratiquement fort rare. Presque toujours sont atteints en même temps quelques autres muscles innervés par la même paire crânienne.

Néanmoins, comme la signification de ces troubles fonctionnels n'est pas depuis bien longtemps classique, il est bon de présenter ici le tableau de ces symptômes, afin qu'on s'y reconnaisse au besoin plus aisément.

C'est pour cela que nous résumons ici et en parallélisme, les signes différentiels de la paralysie du *droit supérieur* et de l'*oblique inférieur*.

§ **65.** — **Tableau des signes différentiels subjectifs de la paralysie des deux agents du mouvement en haut. — Droit supérieur et oblique inférieur.**

Symptômes communs, mouvements cardinaux :

1° Diplopie dans le champ supérieur de la vision seulement;

2° L'image fausse est *plus haute* que l'image vraie ;

3° Les deux images *divergent* par en haut.

SYMPTÔMES DIFFÉRENTIELS. — TOUS LES MOUVEMENTS.

Paralysie du *droit supérieur.* « Images croisées. »	Paralysie de l'*oblique inférieur.* « Images homonymes. »

MOUVEMENTS DIAGONAUX EN HAUT ET EN DEHORS.

Droit supérieur.	*Oblique inférieur.*
La différence de hauteur des images augmente.	La différence de hauteur des images diminue.
Leur inclinaison relative diminue.	Leur inclinaison relative augmente.

EN HAUT ET EN DEDANS.

Droit supérieur.	*Oblique inférieur.*
La différence de hauteur des images diminue.	La différence de hauteur des images augmente.
L'inclinaison relative des images augmente.	Leur inclinaison relative diminue.

§ **66.** — Symptomatologie objective.

D'après la discussion à laquelle nous venons de nous livrer, nous comprendrons à l'instant comment, lors de la paralysie de l'un ou de l'autre de ces deux muscles, tout objet, situé plus ou moins *au-dessus* du plan de l'horizon, provoquant des images doubles, les malades affectés de ces paralysies devront porter la tête élevée, la face dirigée en haut. Par cette disposition, les objets situés un peu au-dessus de la ligne de l'horizon rentrent dans le champ de la vision binoculaire.

D'autre part, lorsqu'une épreuve de diplopie sera exécutée, la cornée de l'œil paralysé devra se porter moins haut que celle de l'œil sain.

Ces caractères seront communs aux deux paralysies :

On les différenciera, même à première vue, par cette considération que, lors de la paralysie du *droit supérieur*, le strabisme apparent qui se manifeste pour certaines positions de l'objet sera divergent, tandis que, lors de la paralysie de l'oblique inférieur, la déviation a lieu dans le sens de l'adduction ou de la *convergence*.

Enfin nous avons reconnu que la hauteur des images diffère d'autant plus que l'on porte l'objet dans un sens et diminue, au contraire, dans le même rapport, si on le porte en sens opposé.

Lors de la paralysie du droit supérieur, c'est quand on transporte l'objet *en dehors* que la différence de hauteur des images va en augmentant. Comme ce symptôme est, de tous, le plus réfractaire, que lorsqu'il est écarté, la fusion binoculaire réussit souvent à se faire, le malade doit prendre instinctivement la position ou l'attitude propre à atténuer et non à exagérer cette différence de hauteur. Or, c'est lorsque le regard se dirige *en dehors* (dans la paralysie du droit supérieur), que l'insuffisance de ce muscle apparaît davantage dans la différence de hauteur des images, il faudrait donc placer *plus en dedans*, ou à droite, les objets appartenant à la ligne médiane, pour rendre aussi peu sensible que possible leur différence de hauteur, ou, ce qui revient au même, porter la face *en dehors* ou *à gauche*, en même temps qu'en haut.

L'influence du muscle insuffisant (sur la hauteur des images) étant dirigée en sens contraire, *lors de la paralysie de l'oblique inférieur*, le malade devra porter la face encore dirigée en haut, mais *en dedans ou à droite*.

§ 67. — Attitudes vicieuses. — *Prismes correcteurs.*

S'il est souvent, le plus souvent, difficile de remédier à une paralysie sérieuse de l'un de ces muscles, il est possible d'apporter un palliatif au désordre fonctionnel causé par la diplopie, tant dans les appréciations portées par le sujet, que dans les attitudes bizarres qu'il est obligé de prendre pour corriger cette diplopie sur la ligne médiane. On sait que la chose est faisable au moyen de prismes appropriés.

D'après l'attitude prise par le malade (voyez le paragraphe précédent) dans la paralysie du *droit supérieur*, on voit que l'on produirait pour le sujet le même effet procuré par cette inclinaison de la tête, en plaçant devant l'œil malade un prisme ayant *sa base* tournée *en haut* et plus ou moins *en dehors ou à gauche*.

Inversement, lors de la paralysie de l'*oblique inférieur*, le prisme, toujours tourné la base *en haut*, devrait être obliquement placé, cette même base étant plus ou moins dirigée *en dedans ou à droite*.

PARALYSIE DU MOUVEMENT EN BAS

§ 68. — Étude comparative de la paralysie du droit inférieur (gauche), et de celle de l'oblique supérieur.

Occupons-nous d'abord des caractères subjectifs de cette paralysie, qui sont, à proprement parler, toute l'histoire séméiologique de cette maladie, et dont les symptômes objectifs ne sont guère que la traduction.

1° Champ de la diplopie.

Les doubles images n'apparaissant, dans les paralysies, qu'au moment où le muscle paralysé doit entrer en jeu, et le droit inférieur étant l'une des deux composantes du mouvement direct *en bas* du regard, la diplopie ne se manifestera que dans la moitié inférieure du champ de la vision.

Renversant ce que nous avons dit pour les deux derniers muscles, nous ajouterons que, des deux images, la fausse sera la plus *basse*. (Ces deux caractères, disons-le à l'avance, appartiendront également à son congénère, l'oblique supérieur.)

2° Le droit inférieur étant paralysé, la composante divergente de son congénère, l'oblique supérieur, tenu, dans l'état physiologique, en échec par la composante convergente du premier, manifeste son action. Le globe est porté dans la *divergence;* le strabisme est divergent, les fausses images *croisées* (comme pour le droit supérieur; c'est le même mécanisme). Pour la même raison, dans la paralysie de l'*oblique supérieur,* elles seront *homonymes,* et le strabisme convergent.

3° Inclinaison des images.

La même composante de la divergence, mise en évidence pendant le mouvement direct en bas, exerce, comme on sait, un effet d'inclinaison (non plus en dehors cette fois), mais *en dedans* de l'extrémité supérieure du MV. L'image fausse est donc appréciée par le sensorium, comme si elle était inclinée *en dehors* par en haut. Le pied de l'objet est donc virtuellement porté en dedans (pour l'œil gauche), c'est-à-dire à droite. Les images sont d'ailleurs croisées; les deux images divergent donc par le pied; elles *convergent* par en haut.

Dans la paralysie de l'*oblique supérieur,* cette même composante, ici en évidence, sera au contraire anéantie; c'est son antagoniste qui apparaîtra par le renversement en dehors de la même extrémité du MV. L'image fausse sera donc inclinée en sens contraire; mais, comme la diplopie sera synonyme, la situation relative des images sera encore la même; elles convergeront encore par *en haut.*

Mouvements diagonaux. — 1° *En dehors.*

Par suite du mouvement en dehors, la composante verticale de l'oblique supérieur, qui seule abaisse en ce cas la pupille, perd de son influence à mesure que ledit mouvement de divergence s'accuse davantage. La pupille s'abaissera donc d'une façon moins marquée. La différence de hauteur des images s'accusera d'autant plus; elle *augmentera* avec la divergence.

Dans le mouvement de divergence en bas, lors de la paralysie du *droit inférieur,* la différence de hauteur des images *s'accroît* donc proportionnellement.

Il est facile de voir que, pendant ce même mouvement, si c'est l'*oblique supérieur* qui est *paralysé,* la différence de hauteur des images va, au contraire, *en diminuant.*

Quant à l'inclinaison des images, que doit-on observer?

Lors de la paralysie du droit inférieur, c'est, avons-nous dit, la composante rotatrice en dedans (de l'oblique supérieur) qui apparaît par ses effets : elle renverse le MV en dedans par son extrémité supérieure. Or, l'énergie de cette composante augmente avec le mouvement en dehors; il suivrait de là que l'inclinaison relative des images devrait augmenter. Mais le terme de comparaison est ici le MV de l'autre œil, lequel, physiologiquement, se met en parallélisme avec le premier. Or, il est amené dans cette position par une force qui croît avec le degré du mouvement; il y a donc tendance au parallélisme, et par conséquent au redressement relatif des images.

Dans le mouvement *en dehors et en bas* du regard associé, et lors de la paralysie du *droit inférieur,* l'inclinaison relative des images *diminue* donc à mesure que le degré du mouvement s'accuse davantage.

Si, au contraire, c'était l'*oblique supérieur* qui fût paralysé, lors de ce même mouvement, ce serait la composante contraire qui entrerait en lumière : les *inclinaisons* des méridiens verticaux s'accuseraient donc *d'autant plus,* et avec elles *celles des images.*

2° Mouvement diagonal *en dedans et en bas. Hauteur relative des images.*

En ce cas, on voit s'accroître, avec le mouvement en dedans du globe, la composante verticale de l'oblique supérieur : c'est dire que *la différence de hauteur diminuera* entre les images doubles, à mesure que le regard se portera plus en dedans, pendant la paralysie du *droit inférieur.*

Il est visible encore qu'il en serait tout autrement, si, au lieu du droit inférieur, c'était l'*oblique supérieur* qui fût paralysé; on observerait alors une augmentation dans la différence de hauteur de ces images.

Inclinaison respective des images.

Le regard associé se porte-t-il *en bas et en dedans,* la composante rotatrice de l'oblique supérieur, se manifestant, incline en dedans l'extrémité supérieure du MV de l'œil malade ; l'extrémité correspondante du méridien de l'œil sain se porte physiologiquement en sens opposé, c'est-à-dire que *l'inclinaison* relative *des méridiens augmente,* et, avec elle, *celle des images.*

Renversant l'ordre des paralysies, et supposant qu'elle porte sur l'oblique supérieur, on devra observer l'effet inverse : *l'inclinaison* relative *des méridiens diminuera* par la tendance des méridiens, et par conséquent des images, au parallélisme.

§ 69. — Tableau des caractères subjectifs différentiels de la paralysie des deux agents du mouvement en bas.

Nous pouvons dès lors résumer comme il suit, et en un tableau, les caractères communs et les caractères différentiels subjectifs de la paralysie du *droit inférieur* et de l'*oblique supérieur.*

Caractères communs, mouvements cardinaux.

Diplopie par différence de hauteur des images, quand on porte l'objet en bas.

L'image fausse est la plus *basse.*

Les deux images sont inclinées l'une sur l'autre; elles *convergent* par *en haut.*

SYMPTÔMES DIFFÉRENTIELS. (Tous les mouvements.)

Droit inférieur.	*Oblique supérieur.*
Images croisées.	Images homonymes.

MOUVEMENTS DIAGONAUX.

1° En dehors (et en bas).

Droit inférieur.	*Oblique supérieur.*
La différence de hauteur des images augmente.	La différence de hauteur des images diminue.
L'inclinaison relative des images diminue.	L'inclinaison relative des images augmente.

2° En dedans (et en bas).

Droit inférieur.	*Oblique supérieur.*
La différence de hauteur des images diminue.	La différence de hauteur des images augmente.
L'inclinaison relative des images augmente.	L'inclinaison relative des images diminue.

§ 70. — Diagnostic différentiel tiré des symptômes objectifs : attitudes vicieuses. — Emploi palliatif des prismes.

Le trouble de la vision n'a lieu, dans les deux cas, que pour les objets situés dans la moitié inférieure du champ visuel : le malade *abaissera* donc plus ou moins la face sur la poitrine, pour diminuer le *territoire* de la diplopie (de Graëfe).

Mais dès qu'il sera obligé de pointer au-dessous de son plan horizontal, le trouble apparaîtra, et la pupille et la cornée de l'œil malade seront plus *élevées* que celles de l'œil sain. La différence augmentera à mesure qu'on portera l'objet plus bas.

Ces caractères seront communs à la paralysie de l'un et de l'autre muscle.

Les caractères différentiels ne sont pas moins marqués. Quand l'un de ces muscles est paralysé, nous avons vu que les composantes secondaires de l'autre se manifestaient.

Elles apparaissent en effet dans les phénomènes subjectifs ou de diplopie; mais nous n'avons pas besoin de les entendre accuser par le malade pour les reconnaître. L'attitude des patients doit nous les révéler. Cette attitude, nous l'avons vu, est celle qui peut soustraire à la diplopie les objets situés sur la ligne médiane.

De toutes les circonstances présentées par les images doubles, la différence de hauteur est, sinon la plus intolérable, du moins la plus réfractaire. Or, si nous jetons les yeux sur le tableau présentant la marche croissante ou décroissante de cette différence de hauteur, nous voyons que, dans les mouvements diagonaux, cette différence de hauteur *augmente* à mesure qu'on porte l'objet plus *en bas et en dehors*, lors de la paralysie du *droit inférieur ;* et plus *en bas et en dedans* dans celle de l'*oblique supérieur*.

Cela revient à dire que la différence de hauteur des images devient plus considérable (dans le premier cas), quand le regard tend à se porter *en bas et en dehors*, c'est-à-dire quand le droit inférieur a le moins d'action sur la hauteur de la pupille, quand son insuffisance se manifeste davantage.

La différence de hauteur des images sera donc d'autant moindre que les objets correspondant au champ de la diplopie seront portés plus en dedans, c'est-à-dire, dans ce cas-ci, *à droite*. C'est donc en sens contraire, c'est-à-dire *vers la gauche*, que le malade, pour produire le même effet, eu égard aux objets de la ligne médiane, devra tourner sa face.

Le malade, en un mot, lors de la paralysie du *droit inférieur*, portera donc sa face *en bas* et en dehors, ou *à gauche*.

L'influence du muscle insuffisant sur la hauteur des images, étant dirigée en sens contraire, lors de la paralysie *de l'oblique supérieur*, le malade devra porter la face inclinée sur sa poitrine, et dirigée *en dedans ou à droite*.

Les prismes destinés à épargner au malade ces attitudes regrettables, devront être employés, en les plaçant devant l'œil paralysé, la *base* tournée du côté vers lequel la face devrait se porter, si on ne les employait pas, c'est-à-dire, dans le premier cas (paralysie du droit inférieur), la *base en bas*, et plus ou moins *à gauche*. Dans le deuxième cas (oblique supérieur), la *base en bas*, et plus ou moins *à droite*.

Remarque. — On peut être étonné, au premier abord, des résultats qui précèdent, c'est-à-dire du sens et de l'inclinaison que l'on est conduit à donner à ces prismes. On y néglige tout à fait la déviation latérale des images, c'est-à-dire le caractère d'homonymie ou de croisement desdites images, et l'on ne s'attache qu'au caractère tiré de leur différence de hauteur. C'est que ce dernier caractère est le prédominant, et que la grande affaire est d'amener les images sur la même ligne horizontale. Alors, les muscles externes ou internes, qui sont sains, se chargent de faire disparaître la déviation latérale, et y parviennent généralement, tandis que la différence de hauteur, même légère, est presque inattaquable par les efforts spontanés.

Aussi réussit-on à pallier les troubles de la diplopie par un procédé en apparence paradoxal, et qui consiste au fond à exagérer la déviation latérale au profit de la différence de hauteur; car, dans ce cas, le prisme est en effet dirigé de façon à exagérer la déviation latérale et, avec elle, l'inclinaison des images. Mais c'est au bénéfice de la différence de hauteur.

§ 71. — Caractères différentiels tirés de la protrusion ou de la rétraction du globe.

Les discussions précises et détaillées dans lesquelles nous venons d'entrer ont suffisamment défini les caractères propres à la paralysie spéciale de chacun des muscles de l'œil. Il y a, pouvons-nous dire aujourd'hui, surabondance de signes diagnostiques; chaque paralysie accuse effectivement deux ou trois symptômes différentiels caractéristiques.

Pour cette cause, il est peut-être superflu d'appeler à notre secours un autre groupe de symptômes encore. Néanmoins, pour être complet, nous mentionnerons ceux que fournit la division sommaire que nous avons établie, au commencement de ce travail, entre les muscles de l'œil, au point de vue de la rétraction du globe dans l'orbite, ou au contraire de sa projection en avant.

Rappelons donc que dans toute paralysie d'un des muscles droits, le globe est projeté en avant, et que dans toute lésion semblable de l'un des obliques, il est, au contraire, attiré au fond de l'orbite.

Suivant l'étendue de la paralysie, ou le nombre des muscles paralysés, ce symptôme sera plus ou moins saillant. Cependant nous nous assurons qu'il sera toujours reconnaissable, à la facilité plus ou moins grande qu'aura le doigt de s'insinuer entre le globe et l'orbite, particulièrement du côté paralysé; la comparaison en sera faite avec le côté sain. Nous ne doutons pas que, dans des cas délicats, ce moyen supplémentaire ne soit apprécié; il conviendrait néanmoins de l'appliquer dans les autres cas, ne fût-ce que dans un but de vérification et d'épreuve de la valeur du procédé.

§ 72. — Remarques sur la différence d'éloignement que présentent parfois les images doubles.

On observe quelquefois dans ces paralysies (celle du trochléateur en particulier) une différence d'éloignement antéro-postérieur apparent des images doubles. Quelques-uns ont pensé que ce phénomène est dû à la rétrocession du centre de mouvement de l'œil, amenée par la prédominance des muscles rétracteurs, par suite de la paralysie de l'un des protracteurs.

Cette raison est loin d'être positive, et surtout démontrée. Il y a beaucoup plus de motifs de penser que ce phénomène se lie aux lois de la convergence des axes optiques, qui seules règlent ces questions de grandeur apparente. La notion des distances doit être troublée, dans les paralysies, avec toutes celles qui dépendent comme elle de l'intégrité du sens musculaire.

Ajoutons que si, dans la paralysie du trochléateur, la rétrocession du globe était pour quelque chose dans cette appréciation des distances, on devrait noter un effet inverse à la suite de la paralysie de l'oculo-moteur ou troisième paire. En ce cas, l'image double fausse devrait être plus éloignée (en apparence) que celle de l'œil sain. Or, l'observation ne donne rien de semblable.

DIXIÈME LEÇON

PARALYSIE DE TOUTES LES BRANCHES DE LA 3e PAIRE

§ 73. — Thérapeutique. — Paralysie complète de l'oculo-moteur gauche (3e paire).

La troisième paire anime :

Le muscle élévateur de la paupière supérieure;
— droit interne;
— droit supérieur ;
— droit inférieur;
— oblique inférieur.

Elle envoie en outre des filets moteurs dans l'iris (fibres circulaires), *sphincter pupillæ.*

Branches iriennes. — Si nous nous occupons de ces dernières, nous devrons donc reconnaître dans l'immobilité et une certaine dilatation fixe du cercle pupillaire (2 lignes, 2 lignes 1/2 de diamètre) les signes de la paralysie des branches iriennes de la troisième paire.

On différenciera cette étendue de la dilatation pupillaire de la grande ouverture que présente le même cercle après l'instillation d'atropine ; dans ce dernier cas, les fibres radiées complètent l'ouverture par le fait d'une irritation portée sur le grand sympathique.

« Dans quelques cas rares de paralysie de la troisième paire, dit M. John Wells, d'après M. de Graëfe, on trouve la pupille dilatée au maximum. Il faut supposer ici une action irritante subie par le grand sympathique; et on pourra s'expliquer ce double effet d'irritation portée sur le sympathique, et de paralysie de la troisième paire, par la même cause, comme serait, par exemple, la compression déterminée par une tumeur; car c'est un fait reconnu que la pression qui suffit pour paralyser un nerf moteur, peut n'occasionner que l'irritation d'une branche du grand sympathique. »

Ajoutons ici que M. de Graëfe a remarqué que souvent la paralysie de la branche pupillaire est le signe précurseur d'une paralysie de tout le nerf oculo-moteur; par contre, la réapparition de l'innervation du *sphincter pupillæ* indique souvent aussi le prochain retour au mouvement des autres muscles.

Branches musculaires. — Toutes les branches que nous venons d'énumérer peuvent être prises ensemble ou séparément, complétement ou incomplétement.

La paralysie complète est généralement due à quelque lésion cérébrale, tandis que la paralysie partielle est, d'ordinaire, la conséquence de quelque affection périphérique.

Nous avons vu, dans les paragraphes qui précèdent, les signes spéciaux de la paralysie de chacun des muscles considérés isolément. Pour exposer les caractères de la paralysie complète de l'oculo-moteur, nous n'aurons qu'à rassembler ces caractères épars ; ils seront tous réunis dans la formule.

Ces caractères, avons-nous vu, consistent dans la production de strabisme et de diplopie, dès que l'objet est porté en bas, en haut, en dedans.

Des quatre mouvements cardinaux, un seul est excepté de la paralysie, à savoir, le mouvement en dehors (1). De ce côté-là, le diagnostic est précis et ne prête à aucun doute.

Mais le doute subsiste quant aux mouvements en haut et en bas, non pas relativement à l'oblique inférieur qui échapperait difficilement à une action qui aurait porté sur toutes les autres branches de la troisième paire ; mais en ce qui regarde l'oblique supérieur qu'il faut, si l'on tient à un diagnostic précis, expressément comprendre dans la paralysie, ou, au contraire, en dégager non moins expressément.

On le fera aisément en observant s'il reste *un* mouvement en bas, plus ou moins limité ; et si oui, on appliquera à sa dif-

(1) L'influence du droit externe se fait bientôt sentir davantage ; ce muscle éprouve bientôt une contracture secondaire, qui ne tarde pas à exagérer fortement le strabisme divergent et la distance des images croisées.

férentiation originelle le tableau du diagnostic différentiel de la paralysie du droit inférieur et de l'oblique supérieur. Il se constate dans le sens du strabisme ou des images, mais surtout dans la marche de la différence de hauteur des images doubles, qui augmentera quand on portera l'objet à droite, ou en dedans et en bas, *si l'oblique supérieur est compris dans la paralysie,* qui augmentera dans le sens opposé et diminuera dans le premier, s'il est intact (voir le § 69).

Quant au strabisme, il deviendra d'autant plus divergent, ou les images croisées plus distantes, que l'oblique supérieur joindra son action divergente à celle du droit externe demeuré intact.

Lors du mouvement de l'objet en dehors et en bas, on pourra, en outre, percevoir objectivement un mouvement de rotation de haut en bas et de dehors en dedans de la cornée, dû à l'intégrité de l'oblique supérieur.

Ajoutons à ces signes, la symptomatologie générale suivante de la paralysie de la troisième paire dans son ensemble :

« Si l'on ferme l'œil sain, et que l'on prescrive au malade de s'avancer vers un endroit désigné, il se trouve pris de vertige, de disposition à la syncope, de sorte que sa démarche devient chancelante ; ces symptômes annoncent la confusion produite dans son esprit entre la position réelle et la position imaginaire des objets. Lorsqu'il n'y a qu'un seul muscle d'affecté, les malades s'accoutument à cette illusion et apprennent à la corriger ; mais ici il y a tant de muscles pris, que la confusion devient des plus fatigantes et trop considérable pour être rectifiée. » (John Wells, trad. par Testelin.)

Ajoutons qu'à raison de la paralysie de l'élévateur de la paupière supérieure, ce voile tombe au-devant de l'œil. C'est le premier symptôme qui frappe l'observateur.

§ 74. — Paralysie de l'orbiculaire ou de la 7e paire.

Ce sujet est, au fond, un peu en dehors de notre cadre; mais dans un travail qui a pris pour objet l'histoire des paralysies musculaires de l'œil, refuser quelques alinéas à un article qui compléterait le tableau, sous prétexte qu'il ne rentre pas absolument dans la question proposée, ce serait peut-être exercer là une rigueur de logique exagérée.

Quelques mots donc sur cette paralysie si connue.

On rencontre cette affection à tous les degrés depuis le *paresis*, à peine perçu et qui n'entraîne que peu ou point de larmoiement, jusqu'au *lagophthalmos paralyticus.*

Le premier symptôme d'une paralysie légère de l'orbiculaire, c'est l'épiphora; les inflammations catarrhales, la xérophthalmie, les kératites panniformes viennent à la suite, surtout chez les personnes âgées.

La paralysie de l'orbiculaire des paupières dépend de celle des branches du facial qui anime ces muscles. Suivant le point du nerf affecté, la paralysie restera bornée à l'orbiculaire seul ou à plusieurs autres muscles, ou à tous ceux auxquels se distribue la portion dure de la septième paire. Un fait important et qui a une grande valeur diagnostique, c'est que le lagophthalmos existe presque constamment dans la paralysie isolée du facial, mais manque presque toujours dans l'hémiphlégie cérébrale.

Comme dans les autres paralysies des muscles de l'œil, les causes sont périphériques ou centrales (voir l'étiologie générale).

Les causes périphériques et surtout les rhumatismales, sont celles qui comportent le meilleur pronostic.

C'est dans ce genre de paralysie que l'électricité peut le mieux réussir : elle peut en effet être appliquée exactement sur le muscle. Au début, il faut l'appliquer à intervalle d'un ou deux jours, ensuite plus fréquemment. Bien que la guérison qu'elle amène soit d'ordinaire prompte, il ne faut pas renoncer trop vite à son emploi, car son action efficace peut être retardée et ne se manifester qu'au bout d'un temps assez long.

On a essayé des remèdes sans nombre contre la xérophthalmie, et des expériences ont été tentées pour imiter autant que possible la composition de la sécrétion lacrymale. M. de Graëfe a trouvé que le meilleur moyen consiste à laver l'œil avec du lait.

Si le lagophthalmos et l'ectropion de la paupière inférieure produisent beaucoup d'irritation et d'inflammation, il faut recourir à l'opération de la tarsoraphie.

§ 75. — Causes générales de la paralysie.

I. *Le rhumatisme.* — Refroidissement subit, courant d'air agissant localement.

Symptômes s'accusant rapidement, douleur localisée, diplopie, etc.

Le pronostic est généralement favorable, surtout si l'on agit promptement.

Le traitement est antiphlogistique, dérivatif (purgatifs, vomitifs répétés); tartre émétique employé comme nauséeux, vésicatoires *loco dolenti.*

Diaphorétiques : — Colchique. — Poudre de Dower.

Après la cessation des symptômes inflammatoires, l'électricité d'induction est excellente : de deux jours l'un.

On a vu quelquefois l'inflammation de la capsule de Ténon produire les mêmes apparences que la paralysie musculaire. Cette affection, qui a quelquefois été décrite comme une « *myitis oculi* », est généralement provoquée par l'action de courants d'air froid sur la joue et l'œil. Les malades accusent une douleur intense dans l'orbite et à son pourtour; la conjonctive est plus ou moins injectée; il existe souvent un fort chémosis séreux, un léger exophthalmos, un certain degré de ptosis et un degré variable d'immobilité de l'œil. Les mouvements de cet organe sont douloureux, lents et s'accompagnent d'un sentiment de tension. Le traitement doit être antiphlogistique.

II. *Causes intra-orbitaires :* — Épanchement de sang dans l'orbite; toutes les tumeurs de cette région, anévrysmes, kystes de toute espèce, graisseux, osseux, squirrheux, fibreux, etc. — Collections purulentes, etc.

(Les cas d'exophthalmos avec struma et affection du cœur (cachexie exophthalmique) ne déterminent généralement aucune diminution dans la mobilité des yeux. Cependant, lorsque le centre de mouvement du globe est fortement déplacé, la mobilité latérale peut être un peu empêchée, ce qui imprime au regard du malade un caractère de fixité et d'étonnement. Mais, ainsi que l'a signalé M. de Graëfe, la diminution de la mobilité est symétrique dans toutes les directions, ce qui est un signe distinctif avec la gêne occasionnée par les tumeurs, les exostoses.)

Le pronostic et le traitement dépendent évidemment de la cause.

III. On rangera également au nombre des causes possibles (réelles même) des paralysies musculaires de l'œil, une congestion plus ou moins violente des vaisseaux de l'orbite ou de la base du cerveau, de nature à comprimer les nerfs. (Nous rentrons un peu ici dans les causes cérébrales locales.)

IV. La syphilis et toutes ses productions. M. de Graëfe exprime par 1/3 son degré de fréquence.

V. Une des sources fréquentes de la paralysie se rencontre dans des tumeurs situées à la base du crâne. On peut soupçonner ce siége du mal, quand plusieurs muscles d'un œil ou des deux yeux sont entrepris en même temps.

Pour établir la localisation, il faudra s'assurer avec soin de l'existence ou de la non-existence d'aucune tumeur à l'intérieur de l'orbite. Si l'œil fait saillie, voir s'il peut être repoussé aisément.

Les causes qui siégent à la base du cerveau déterminent généralement la paralysie par la compression qu'elles exercent sur les nerfs situés dans les points qu'elles occupent.

Parmi ces causes nous indiquerons l'ostéite et la périostite rhumatismale et syphilitique, les exostoses, les tophus syphilitiques, des dépôts tuberculeux, des dépôts de sang, etc.

Dans les cas de périostite syphilitique, les malades éprouvent généralement les plus violentes douleurs pendant la nuit. Il est alors de la plus haute importance pour le malade que le diagnostic soit bien établi; car si l'on prend le mal pour une apoplexie des centres nerveux, il peut en résulter de fâcheuses conséquences. Les exsudations plastiques et les dépôts tuberculeux sont des causes fréquentes; il en est de même des tumeurs de la base du cerveau, qu'elles soient squirrheuses, fongoïdes, etc. La marche de la paralysie, en pareil cas, ainsi que lors du développement d'un anévrysme, est très-lente; c'est tout le contraire qui a lieu (et ceci peut aider pour le diagnostic) dans les cas d'exsudation plastique, comme dans la méningite.

Les facultés intellectuelles échappent généralement.

VI. Causes d'origine purement cérébrale, ou prenant naissance à l'intérieur du cerveau.

Lorsque la paralysie est due à quelque lésion ou à quelque processus intra-cérébral, il existe généralement un dérangement des facultés intellectuelles du sujet. La mémoire lui fait défaut, il éprouve de la difficulté à coordonner ses idées ou à les exprimer.

Le ptosis est un symptôme fréquent d'une affection du centre nerveux, tandis que le lagophthalmos ne l'est qu'exceptionnellement.

Les processus intra-cérébraux sont des ramollissements, des épanchements de sang, des dépôts tuberculeux, des anévrysmes, des embolies, des tumeurs, l'hydrocéphale, etc.

La nature de la diplopie, ajoute M. de Graëfe, aide beaucoup au diagnostic et permet quelquefois de localiser l'affection qui détermine la paralysie. La diplopie, conséquence d'une affection cérébrale, offre une particularité très-importante; c'est la difficulté que l'on éprouve à réunir les doubles images; même avec le prisme le mieux choisi, il est très-difficile, ou même impossible de les fusionner; la plus légère pression dérange la coalescence enfin obtenue.

Lorsque plusieurs muscles animés par différents nerfs sont paralysés, comme par exemple le droit externe ou l'oblique supérieur, conjointement avec quelqu'un de ceux de la troisième paire, surtout si les deux yeux sont affectés et qu'on ne trouve rien à l'intérieur de l'orbite, on peut soupçonner quelque lésion centrale. Il en est de même si la paralysie frappe ces différents muscles successivement.

Le traitement est, dans tous ces cas, subordonné à la cause.

§ 76. — Terminaisons et pronostic.

I. La paralysie peut être complétement guérie : cette terminaison a d'autant plus de chances d'être atteinte, toutes choses étant égales d'ailleurs, que l'affection est moins complète, moins ancienne, étendue à un moindre nombre de muscles, et enfin si elle est de cause périphérique plutôt que centrale.

II. *Guérison incomplète.* — On observera parfois une marche d'abord plus ou moins rapide vers la guérison ; mais bientôt elle s'arrêtera. On devrait alors s'attendre à voir s'accuser les symptômes d'une déviation par l'action de l'antagoniste. Cependant il arrive parfois qu'il n'en est rien et que les choses demeurent en l'état. Cette condition, assez singulière, tient à l'empire qu'exerce sur l'état des muscles l'horreur des images doubles, assez grande parfois pour réveiller dans une certaine mesure le muscle paralysé et contre-balancer ainsi l'antagoniste. Mais cette forme est rare et le plus souvent les choses prennent l'allure suivante.

III. Le premier effet secondaire que détermine la paralysie d'un muscle, c'est le *trop* d'action de son antagoniste ; excès constant et qui suit la loi des mouvements associés. Ce muscle se raccourcit donc à peu près forcément, sa nutrition s'opérant, comme nous avons dit, dans des conditions constantes de moindre distension. Il devient contracturé, raccourci ; on a alors un strabisme concomitant du côté de l'œil sain ; un strabisme par paralysie dans la moitié opposée du champ de la vision ; et le plan de séparation n'est plus médian ; il chevauche sur la moitié appartenant primitivement à l'œil sain.

Si la paralysie se guérit, on a alors pour conséquence un strabisme concomitant pur. L'angle de déviation secondaire est désormais égal à celui de la déviation primaire, mais la mobilité s'est à peu près rétablie des deux côtés; ou du moins assez complétement pour les besoins généraux de la vision associée.

Dans certains cas où les choses se sont passées ainsi, mais dans des circonstances de très-faibles déviations angulaires, primitives ou secondaires, la conséquence finale peut ne pas avoir atteint le strabisme concomitant, mais son premier degré de simple strabisme intercurrent ou périodique.

IV. La paralysie peut enfin demeurer incurable, le muscle affecté ne plus recouvrer son innervation, et l'œil se voir entraîné complétement par le muscle antagoniste dans l'angle opposé de l'orbite.

Quant au pronostic général de la paralysie des muscles de l'œil, on peut poser comme règle, qu'il est d'autant plus favorable que la paralysie est plus récente, que la paralysie est moins étendue. Une paralysie partielle de deux ans de durée permet de porter un pronostic plus favorable qu'une paralysie complète ne datant que de six mois.

Le caractère de la diplopie a aussi une grande importance. Lorsque les doubles images ne présentent que des différences latérales (comme dans les paralysies des droits externes ou internes), le pronostic est meilleur qu'alors qu'il existe aussi une différence dans la hauteur des images.

§ 77. — Thérapeutique : procédé par exclusion de l'œil malade.

La conduite à suivre à l'égard des paralysies dépend nécessairement du jugement que l'on porte sur la puissance de la cause qui les a produites ou les maintient. La première attention se porte donc sur cette cause, et un traitement approprié est institué sur les éléments que nous venons de passer en revue.

Ce point réglé, le chirurgien doit s'occuper du traitement de l'appareil optique, au point de vue palliatif ou hygiénique, pourrait-on dire, ou dans une intention plus radicale s'il y a lieu. Expliquons-nous.

La date de la paralysie et son caractère doivent faire penser que la maladie rétrocédera ou rétrocède déjà, et qu'il n'y a lieu d'employer que des procédés palliatifs et temporaires, ou bien, au contraire, que l'affection primitive est devenue permanente et qu'il y a indication de demander un secours à la chirurgie, s'il est en son pouvoir d'en apporter.

Supposons le premier cas; la paralysie est relativement récente, elle suit une marche régressive, elle n'est pas complète; on peut espérer sa guérison ; quelle conduite devra-t-on tenir?

L'indication sera la suivante :

1° Empêcher le trouble et la confusion produits par la diplopie et la sensation de vertige qu'elle occasionne le plus souvent;

2° Obvier à la tendance à accroissement du strabisme suivant le mécanisme que nous avons décrit au § 48;

4° Éviter au malade les obligations d'imprimer à sa tête des directions bizarres et forcées.

Cette triple indication a été depuis longtemps reconnue, et depuis longtemps aussi on s'est efforcé d'y répondre.

Une pratique qui a longtemps régné et qui ne pouvait rien produire d'avantageux, consistait dans l'emploi de lunettes dites *à strabisme* et dans lesquelles un verre oblitéré excluait l'œil *sain* de la vision. On comprend ce qui devait arriver; chaque effort de redressement de l'œil malade, dans le but de se diriger vers l'objet, amenait dans l'œil sain un effort exagéré (celui de la déviation *secondaire*). Le procédé avait donc toutes chances de favoriser le développement du strabisme concomitant de l'œil sain.

Si l'on croit devoir recourir à l'exclusion d'un œil, et ce peut être le cas dans les paralysies anciennes complètes ou compliquées, c'est l'œil *affecté* qu'il faut couvrir. Les efforts d'ajustement de l'œil sain ne dépassent alors jamais le type normal.

Il est un cas encore où cette pratique peut avoir un avantage : c'est quand il s'agit de faire perdre à la tête une habitude vicieuse contractée pendant une paralysie plus ou moins longue; alors, après l'opération du strabisme concomitant qui lui a succédé, on couvrira l'œil opéré complétement, et l'œil sain incomplétement. Nous voulons dire que l'œil opéré étant exclu de la vision, on interceptera la lumière à l'œil sain par un verre partiellement noirci, et dans une direction telle que cet œil ne puisse s'ajuster sur les objets situés en face du sujet, que par une inclinaison de la tête du côté opposé à l'habitude contractée.

Ce moyen pourra être également employé, après la ténotomie, quand on voudra pousser aussi loin que possible les résultats de l'opération.

Mais toutes ces conditions peuvent être réalisées par l'emploi judicieux des verres prismatiques, et nous allons tracer les règles de leur application.

§ 78. — Traitement de la diplopie par les verres prismatiques.

On voit parfois, dit M. de Graëfe, dans des cas légers de paralysie de l'abducteur ou du droit interne, la guérison survenir spontanément par suite des efforts qui s'accomplissent pour obtenir la fusion des images doubles.

Pour que cela arrive (non pas toujours, toutefois), il faut, avant tout que la paralysie soit légère, c'est-à-dire que les images doubles ne soient pas très-distantes. Encore, dans un tel cas, tout à fait comparable à l'état que nous avons analysé en décrivant le mécanisme du strabisme par insuffisance légère des droits internes ou externes, voit-on souvent l'effet contraire se produire et la déviation s'exagérer, pour écarter des images doubles dont la fusion, malgré leur rapprochement, exigerait trop d'efforts.

Ces considérations doivent être présentes à l'esprit dans le traitement palliatif ou curatif par les verres prismatiques.

En appliquant les verres prismatiques, on se propose donc l'un ou l'autre objet. Produire un effet simplement palliatif, éviter au malade les images doubles et leurs conséquences déjà exposées; ou bien rapprocher les images à une distance assez faible pour que le besoin de voir simple appelle dans le muscle paralysé un certain degré d'effort. Dans ce dernier cas on espère réveiller graduellement la vitalité du muscle affaiblie en lui imposant de légers efforts constamment renouvelés. En diminuant ainsi graduellement l'angle du prisme, on peut obtenir l'effacement progressif de la déviation et de la paralysie.

Mais pour pouvoir compter sur cet effet, il faut avoir étudié scrupuleusement le malade, s'être assuré qu'il existe encore dans le muscle une certaine innervation qui permette au sujet, non-seulement de réunir, mais de maintenir un certain temps fusionnées les deux images doubles qu'un prisme approprié a suffisamment rapprochées, et que cet effet est produit sans de grands efforts; autrement, on s'expose à produire un strabisme concomitant dans l'œil sain.

S'il en est ainsi, si le malade est incapable d'un effort tant soit peu soutenu, ou s'il est obligé de déployer une énergie un peu trop grande, alors il faut se résigner à un objet simplement palliatif, lequel a, d'ailleurs, le grand avantage de mettre à l'abri des déviations secondaires exagérées de l'œil sain, et choisir dès le principe un prisme qui efface absolument la diplopie, sans toutefois dépasser la mesure déterminant un excès d'action dans le sens opposé.

On ne doit guère compter sur une action suffisante du muscle paralysé, si le prisme à employer doit dépasser 14° (de Graëfe).

Le sens dans lequel doit être placé le prisme se comprend de soi-même si la déviation est simple, c'est-à-dire uniquement latérale. La base du prisme doit être placée dans le sens de l'action du muscle paralysé.

La question est un peu plus complexe quand il existe, en même temps, une différence de hauteur dans les images. Il faut ici produire deux effets à la fois. On peut y arriver à l'aide de différents moyens.

« Choisissons pour exemple, avec M. de Graëfe, la paralysie de l'oblique supérieur. Le lecteur se rappellera que, dans cette paralysie, il y a strabisme convergent en même temps que la cornée de l'œil affecté reste un peu plus élevée que celle de l'autre œil. Les doubles images, en conséquence, sont homonymes, et celle de l'œil affecté est projetée *au-dessous* de celle de l'œil sain. On peut employer les verres prismatiques de diverses façons pour compenser ces différences.

1° Diriger la base du prisme un peu *en bas* et *en dehors* (1);

2° Recourir à deux prismes, l'un avec sa base *en bas*, l'autre avec sa base *en dehors ;*

3° Corriger, du côté malade, la différence de hauteur par un prisme ayant sa base en bas ; et du côté sain, la déviation latérale par un second prisme ayant sa base en dehors.

Il arrive souvent qu'il suffit de corriger la différence de *hauteur* des images pour voir arriver leur coalescence, dès qu'elles sont ramenées dans le même plan. Il est important de se souvenir de cette particularité, avant de procéder à la ténotomie. »

§ **79**. — De la période de transition entre le strabisme paralytique et le strabisme permanent, concomitant.

Dans notre chapitre consacré à l'étiologie du strabisme, nous avons exposé comment et par quel mécanisme le strabisme concomitant pouvait faire et faisait le plus souvent suite à la paralysie des muscles de l'œil. Ce point de départ ne change rien à la conduite à tenir à l'endroit de ce genre de strabisme, en tout semblable aux autres espèces de strabismes concomitants, dès qu'est terminée la période paralytique à laquelle il succède. Le remède qu'il réclame consiste donc, comme pour les autres, dans la ténotomie.

Mais la question change avec les circonstances, quand la paralysie persiste, et même pour cette période de transition pen-

(1) Il y a ici une contradiction apparente entre le sens du prisme imposé à l'œil malade et le sens indiqué dans le § 70; le lecteur remarquera qu'il ne s'agit, dans ce dernier exemple, que de la correction de la déviation latérale, tandis que dans celui du § 70 l'attention du chirurgien est dirigée vers la différence de hauteur des images qui dépend de l'inclinaison des méridiens, la correction de la déviation latérale étant abandonnée aux efforts spontanés des muscles de l'abduction ou de l'adduction.

Il y a tels cas où il faudra évidemment suivre l'une des indications plutôt que l'autre, et s'occuper des déviations latérales plutôt que des différences secondaires de hauteur. D'une manière générale, cependant, c'est la méthode du § 70 qu'il convient d'indiquer, parce que c'est la différence de hauteur des images que les yeux sont impuissants à corriger spontanément.

dant laquelle la paralysie rétrocède et le strabisme concomitant s'établit. Quelle conduite devra-t-on tenir dans ces deux cas?

Occupons-nous d'abord de cette période de transition; prenons un de ces cas de paralysie incomplète ou régressive, où le passage au strabisme concomitant est évident, et pour lesquels la mobilité dans le sens du muscle antagoniste est sensiblement augmentée. Devrons-nous attendre la disparition complète de la paralysie et la confirmation du strabisme concomitant, pour nous décider à pratiquer la ténotomie sur le muscle antagoniste du paralysé? On peut, dit M. de Graëfe, se conduire ainsi, si l'on voit que la paralysie disparaisse rapidement. Mais ce cas-là est le plus rare; le plus souvent il arrive que la motilité, parvenue à un certain degré, s'améliore très-lentement, ou même qu'elle reste stationnaire, tandis que les déviations qui caractérisent la transformation de l'affection en un strabisme concomitant, se développent de plus en plus. Aussi, aux yeux de l'éminent chirurgien de Berlin, non-seulement la ténotomie du muscle raccourci est permise dans ces circonstances, mais elle constitue un excellent moyen d'accélérer la guérison de la paralysie elle-même. Il est en effet très-avantageux pour le muscle, encore affaibli, d'avoir à lutter contre une moindre résistance; il devient alors capable de déterminer des mouvements plus étendus du globe oculaire, et l'on peut avec plus d'avantage, le soumettre à l'influence d'une orthopédie régulière, utile particulièrement pendant que s'opère la cicatrisation du muscle sectionné. Nous tracerons plus loin les règles de cette orthopédie.

On pourrait objecter à cette conduite la considération suivante : Ne s'expose-t-on pas, par cette conduite hâtive, à avoir, après la guérison de la paralysie, un muscle parfaitement sain dans le muscle guéri, et un muscle insuffisant dans celui qui a été déplacé? On ne s'arrêtera pas à cette idée, si l'on remarque que nous supposons, dans le cas qui nous occupe, le strabisme concomitant déjà acquis en principe, et mesurant une certaine déviation. On est donc, dès ce moment, en dehors des conditions normales; il faut qu'en définitive il y ait de l'insuffisance d'un côté ou de l'autre, et la probabilité avantageuse est ici en faveur du parti que nous conseillons; il est rare, en effet, qu'un muscle paralysé retrouve un jour toute l'étendue de son énergie première.

Il est encore une objection qui a été faite à M. de Graëfe : c'est le peu d'étendue, la faiblesse du résultat obtenu quelquefois dans cette application de la ténotomie. Le muscle paralysé lutte mal contre l'élasticité croissante du tissu cicatriciel, et la mobilité acquise d'abord finit parfois par disparaître. M. de Graëfe, dans ces cas-là, adopte l'un des deux partis suivants: à l'exemple de son compatriote Dieffenbach, il passe un fil dans le tendon du muscle sectionné, et, par une traction convenable, assure l'implantation du muscle à la distance où il a projeté de le greffer. Dans d'autres cas, il répète la ténotomie autant de fois qu'il est nécessaire pour assurer le résultat qu'il poursuit. Quel que soit le procédé que l'on adopte, le résultat, souvent avantageux, est pourtant d'un pronostic incertain et exige de la part du chirurgien une attention et des soins minutieux. Nous renvoyons à cet égard, aux *Annales d'oculistique* de 1862, dont nous extrayons cette analyse et où sont consignés, avec la plus grande franchise, les éléments de succès et d'insuccès que le chirurgien doit rencontrer sur sa route (1). Avant d'abandonner ce sujet, rappelons cependant encore ici

(1) Voici les indications précises que pose, à cet égard, M. de Graëfe : si le défaut de mobilité s'élève de 1 ligne à 1 ligne 1/2, de sorte que la diplopie n'empiète que d'un petit nombre de degrés sur la moitié opposée du champ de la vision, il conseille la ténotomie simple du muscle antagoniste, que l'on reporte en arrière de la même quantité, à savoir, de 1 ligne à 1 ligne 1/2.

Mais si la diminution dans la mobilité du muscle paralysé excède 1 ligne à 1 ligne 1/2, si les positions extrêmes de l'œil ne peuvent être atteintes que par des secousses continues, et ne peuvent se maintenir d'une façon permanente, voici ce que l'on doit faire : ramener en avant l'insertion du muscle paralysé, en même temps qu'on pratiquera une ténotomie partielle du muscle antagoniste. Cette opération sera applicable aux cas où le défaut de mobilité se trouvera maintenu entre 1 ligne 1/2 et 2 lignes 1/2.

Pour ceux qui dépasseront ces limites, il faut ramener en avant le muscle paralysé, en même temps que l'on pratiquera la ténotomie complète de son antagoniste. (*Archiv für Ophthalmologie*, Berlin. — *Annales d'oculistique*. Bruxelles, 1862.)

une remarque de M. de Graëfe concernant le strabisme concomitant confirmé, et qui aurait dû trouver sa place dans un des chapitres qui précèdent. « Il arrive très-souvent que l'œil à opérer n'est pas celui qui a été frappé de paralysie, mais l'autre. Si, à l'époque de la paralysie, c'est l'œil malade qu'on emploie à regarder les objets, soit à cause de son acuïté, soit à raison de l'état de la réfraction, les déviations consécutives se manifesteront à l'œil sain. La longueur moyenne des muscles se modifie chez celui-ci; il reste dévié, et à un haut degré, par suite de la prépondérance des déviations secondaires, après que la paralysie a parcouru ses diverses périodes. »

§ 80. — Paralysies anciennes invétérées.

Il nous reste à nous occuper des paralysies confirmées, invétérées, et dans lesquelles les traitements médicaux ont été inutilement employés; de ces cas tels que la ténotomie appliquée au muscle antagoniste, en supprimant la résistance opposée au muscle paralysé, ne suffirait pourtant pas pour réveiller l'activité de ce muscle endormi. Que faire en ces circonstances, où une diplopie odieuse désespère les malades ou leur impose des inclinaisons et des contorsions de la tête, infirmités réelles qui rendent un secours si désirable? A part l'emploi palliatif et trop souvent insuffisant des lunettes prismatiques, la science est désarmée à l'endroit de ces misères. Dans le but de combler cette triste lacune, M. de Graëfe a imaginé un mode opératoire nouveau, non, comme il semblerait au premier abord, pour rappeler, pour réveiller l'innervation dans le muscle frappé d'atonie chronique, mais pour faire naître en lui une élasticité, une tonicité depuis longtemps perdue; M. de Graëfe coupe le muscle au ras de son insertion tendineuse, et, par un procédé secondaire, détermine l'implantation de la tête libre du muscle en un point *plus antérieur*, sur la sclérotique. A cet effet, pour y parvenir, il sectionne suivant les cas, complétement ou incomplétement, le muscle antagoniste, passe un fil dans le tendon de ce dernier et le retient à un point fixe opposé des os de la face ; il change ainsi les rapports mécaniques des muscles avec le bulbe. Ce procédé, comme exécution matérielle, est renouvelé de celui imaginé par M. Jules Guérin et qui fit tant d'honneur à notre savant compatriote, dans un cas de strabisme secondaire compliqué de pertes de mouvement en dedans. L'objet mécanique était le même de part et d'autre. M. de Graëfe en a étendu l'application quand il a espéré y rencontrer un moyen de reconstituer une force dans un muscle devenu inerte, en même temps qu'il obviait à un rapport vicieux dans la position des axes optiques. Dans le cas de paralysie complète, le résultat de l'opération consiste dans la possibilité de faire correspondre l'arc, dans l'étendue duquel s'exécutent les mouvements latéraux du globe oculaire, à la région médiane du champ visuel, en lui conservant à peu près son étendue primitive. Ce résultat est obtenu par le déplacement pur et simple de l'arc de la mobilité. La puissance relative de l'antagoniste est diminuée par le recul du muscle, et l'inertie du muscle paralysé se voit remplacée par l'élasticité qui résulte de son allongement artificiel. Au premier abord on pourrait se demander si l'opération n'a pas rappelé l'innervation dans le muscle paralysé ; mais, en analysant de plus près, on reconnaît que les changements de position de l'axe optique qui correspondraient, dans l'état normal, à des contractions musculaires assez énergiques, s'obtiennent par un simple balancement entre l'énergie active de l'antagoniste et l'élasticité du muscle déplacé en avant.

L'opération qui consiste à attirer en avant le muscle paralysé comportant beaucoup de détails essentiels au succès, nous croyons devoir reproduire ici la description du procédé donnée par M. de Graëfe lui-même.

En décrivant *la manière d'attirer en avant le muscle paralysé, en même temps, qu'à l'aide d'une ténotomie partielle, on affaiblit légèrement son antagoniste*, il dit : « Je détache le muscle paralysé de ses insertions, comme dans la ténotomie ordinaire, avec cette seule différence que, s'il existe quelques adhérences lâches entre le muscle et la sclérotique, je les désunis loin en arrière avec des ciseaux de Cooper, et que j'incise aussi un peu, de chaque côté du muscle, le tissu connectif. Bien que la plaie de la conjonctive soit un peu plus grande que dans la ténotomie, elle ne doit pas être trop étendue; toutefois je sépare la conjonctive de la surface antérieure du muscle à un plus haut degré que dans l'opération que je viens de nommer. Quoique le muscle, comme dans la ténotomie, soit encore retenu par ses attaches latérales, il peut glisser conjointement avec la couche de tissu cellulaire et être attiré loin en avant ou en arrière, à volonté. Par suite de ce fait, le muscle éprouverait une rétraction en arrière beaucoup plus considérable que de coutume, si l'on abandonnait l'œil à lui-même. Mais si l'on se propose un but opposé, et si l'on veut, au contraire, que l'insertion du muscle se rapproche de la cornée, il faudra veiller à ce que l'œil reste complétement tourné dans l'angle correspondant au muscle détaché, et qu'il y reste immobile, jusqu'à ce que la couche musculaire ait contracté des adhérences avec la sclérotique dans le point voulu.

« De même que la couche musculaire détachée glisse en arrière *in maximo* lorsqu'on fait diriger l'œil vers l'angle opposé, de même aussi elle glisse *in maximo* vers la cornée, lorsqu'on fait porter l'œil du côté opéré, à tel point que l'on peut, si on le veut, la faire arriver jusque sur la cornée. Il ne faut pas craindre, par rapport à la cornée, d'amener le muscle trop en avant. Dans des cas de strabisme divergent par suite de paralysie de l'oculo-moteur, j'ai parfois fait diriger l'œil tellement vers l'angle interne que le tiers interne de la cornée était presque complétement recouvert par le muscle détaché.

« La couche épithéliale de la cornée paraît s'opposer à l'établissement d'adhérences; plus tard la couche musculaire se rétracte toujours jusque derrière le bord de la cornée, ce qui est dû probablement à la cicatrisation qui s'opère dans le tissu sous-conjonctival situé en arrière. La question de savoir s'il faut ou non ramener le muscle aussi fortement en avant, dépend de l'altération qui existe dans chaque cas en particulier. La première partie de l'opération terminée, c'est-à-dire celle qui consiste dans le détachement de la couche musculaire et de sa couche de tissu connectif, je passe à la seconde qui concerne le muscle antagoniste.

« Je fais, comme dans la ténotomie ordinaire, une petite plaie à la conjonctive, ainsi qu'au tissu sous-jacent, et j'attire alors le tendon à l'aide du crochet mousse. Il n'est pas nécessaire que le crochet soulève toute la largeur du tendon; il suffit qu'il puisse le maintenir solidement pendant l'application d'une suture, et qu'il indique distinctement la situation et les conditions dans lesquelles s'opère l'insertion. Je porte alors une aiguille courbe, garnie d'un fil de soie, sous l'un des bords du tendon, et je le traverse, contre la sclérotique, d'arrière en avant, de façon que le fil embrasse une bonne moitié du tendon, et je lie ce fil contre la sclérotique; puis je donne ses deux bouts à un aide, en lui prescrivant de les tirer doucement vers le côté opposé, vers la cornée; j'écarte moi-même le tendon de la sclérotique vers l'angle de l'œil au moyen d'un crochet. De cette façon, la portion du tendon située entre le point de suture et le crochet se trouve tendue, et je puis, à l'aide de ciseaux, le diviser à environ 3/4 de ligne en arrière de la suture, sans crainte de couper celle-ci. On divisera ainsi la moitié du tendon embrassé par la suture, ou, ce qui est mieux encore, les 3/5 ou les 3/4; c'est un point qui doit être réglé suivant le degré de résistance que fait éprouver le muscle dans les mouvements latéraux de l'œil. Si le malade accuse une sensation gênante de tension pendant le mouvement de l'œil, il faut réintroduire le crochet sous les portions non divisées du muscle et les couper, à l'exception de quelques fibres. Comme l'opération dure beaucoup plus longtemps que pour une simple opération de strabisme, je recommande l'usage du chloroforme. Peu après l'opération, un quart d'heure au plus tard, on procède au pansement, après que l'œil a été nettoyé, et le malade bien placé dans son lit, lorsque l'effet du chloroforme est dissipé. L'objet du pansement est, comme nous l'avons déjà dit, de maintenir la cornée pendant 24 à 36 heures invariablement fixée dans le coin correspondant au muscle paralysé. Le fil qui traverse le tendon du muscle antagoniste remplit ce but. Afin de prévenir toute réaction inflammatoire, le fil doit être disposé de façon à ne pas toucher la cornée; il faut, de plus, que les paupières puissent se fermer sans que le fil soit comprimé par les bords libres des paupières. Pour atteindre le premier résultat, il faut que le fil s'élève un peu perpendiculairement, à partir du lieu de son implantation; si c'est en dedans que l'œil doit être dirigé, on ne peut donner au fil un meilleur support que la racine du nez. La cornée se trouve aussi protégée par ce fait qu'elle est fortement dirigée en dedans. Si le nez ne présentait point une saillie suffisante, on y pourvoirait en relevant le fil à l'aide d'un rouleau de sparadrap. Le fil est maintenu sur la joue du côté opposé par des bandelettes agglutinatives. Pour empêcher qu'il ne bouge, on appliquera d'abord un emplâtre agglutinatif disposé en long et recouvrant le fil dans une étendue de 2 pouces; puis on le maintiendra au moyen de bandelettes disposées en croix.

« Il est à peine nécessaire de recourir à aucun autre moyen de contention. Si toutefois, alors que les choses sont ainsi disposées, le fil vient à s'introduire entre les bords des paupières fermées, il faudra chercher un autre point de la racine du nez pour servir de poulie de renvoi; ou, si le fil glisse, on le laissera en place, tout en changeant sa direction à l'aide d'un morceau de masse emplastique placé entre l'œil et la racine du nez, et fixé sur le front ou la joue. Si c'est en dehors que l'œil doit être dirigé, on remplacera la saillie du nez par un rouleau de sparadrap placé au côté externe de l'orbite et fixé au moyen de bandelettes agglutinatives descendant de la tempe. Dans ce premier cas, le pansement est assez gênant et se déplace aisément. Le sujet gardera tranquillement le lit tant que l'on ne retirera pas le fil. La personne qui reste auprès de lui veillera à ce que le pansement ne se déplace pas: si cela arrivait, on devrait y remédier; mais il est bon que ce soit le chirurgien lui-même. »

Deuxième cas. — Le chirurgien se propose d'*attirer en avant l'insertion du muscle paralysé, en même temps que l'on pratique la ténotomie complète du muscle antagoniste, ce qui affaiblit considérablement son action.*

« La première partie de l'opération reste la même : on doit faire glisser sur la sclérotique le muscle paralysé et sa couche de tissu cellulaire de la façon déjà décrite. Mais on introduit dans le tendon du muscle antagoniste un crochet plus volumineux, et l'on arme un fil de soie, à chacune de ses extrémités, d'une aiguille courbe. On enfonce, d'avant en arrière, une aiguille à travers la partie moyenne du tendon, mais plus près d'un des bords que de l'autre, et on la fait ressortir au niveau du bord libre du tendon ; un bon tiers de la largeur du tendon doit être ainsi embrassé. La seconde aiguille doit être passée de l'autre côté d'une façon symétrique, et l'anse de fil être serrée contre la sclérotique. Elle embrassera les deux tiers externes du tendon, tandis que le tiers interne restera en dehors. On coupera alors le tendon, dans toute son étendue, entre le crochet et la suture. Le mode de suture ici recommandé a pour but d'empêcher que le fil ne se détache prématurément. Il est surtout important qu'il en soit ainsi dans les cas où la déviation de l'œil offre une résistance très-considérable, c'est-à-dire dans les cas de contracture paralytique. Pour qu'une pareille suture pût céder, il faudrait, ou que les deux portions extrêmes du muscle vinssent à se séparer, ou que les deux portions comprises entre les points d'introduction des aiguilles se trouvassent détruites.

« Si l'on se borne à saisir le muscle circulairement, la suture glisse facilement ; si l'on ne fait qu'une ponction, elle est moins solide qu'alors qu'il y en a deux. Le pansement sera le même que ci-dessus. »

Peu de mots suffiront pour le traitement consécutif.

« La douleur cesse bientôt ; si elle empêchait le sommeil, on aurait recours à des applications d'eau froide, mais seulement pendant le temps qu'elles seraient nécessaires ; car elles tendent à relâcher le pansement. L'œdème de la paupière supérieure qui ne s'accompagne pas d'irritation de la conjonctive, est sans importance. Comme le déplacement du pansement, pendant les huit ou douze premières heures, pourrait frustrer complétement l'espoir de l'opérateur, il devra visiter fréquemment son malade pendant les douze premières heures. Le fil doit rester en place de 20 à 24 heures au moins; mais si le malade n'en souffre pas, on le laissera de 36 à 48 heures. » (DE GRAEFE, *Ann. d'oculistique, loco citato.*)

§ **81.** — Doit-on, en l'état actuel de la science, pratiquer la ténotomie sur les muscles obliques?

Comment faut-il procéder dans le cas d'images doubles obliques?

Voici, à cet égard, l'opinion de M. de Graëfe.

« Pouvons-nous opérer les muscles obliques pour redresser la vue? Je ne puis résoudre la question expérimentalement, car je n'ai jamais fait la section des muscles obliques, et j'hésiterais à l'entreprendre. D'abord, il n'existe pas jusqu'à présent d'observations précises quant à ces ténotomies. Nous avons déjà dit antérieurement qu'on s'en était promis des résultats qui n'étaient nullement certains physiologiquement, qu'on avait rapporté à la section des muscles ce qui dépendait uniquement de la division du tissu conjonctif, etc.... Nous ignorons aussi comment se ferait la guérison, si la loi générale du déplacement des insertions musculaires recevait son application. Il serait peut-être imprudent de couper ces muscles près de leur insertion, comme les autres, l'étendue de la plaie présentant trop de gravité, comparativement aux avantages à retirer de l'opération. Si l'on fait la section des muscles dans leur continuité, il est impossible de prévoir la manière dont se fera la guérison, encore moins l'effet de l'opération, et il est très-probable qu'on obtiendrait le plus souvent un effet trop fort ou trop faible, au lieu de celui qu'on désire.

« Lorsqu'il s'agit de remédier à une obliquité d'un degré déterminé, l'inclinaison du méridien du globe optique ne pourrait être modifiée que d'une petite quantité, d'autant plus que l'acte visuel n'a qu'une faible influence sur la position de ce méridien pour des yeux sains. Ajoutons à cela que les obliquités, en général, ne gênent que lorsqu'elles sont très-prononcées, pourvu que les déviations d'autre nature soient corrigées. Je me suis contenté jusqu'à présent de corriger les déviations qui accompagnaient l'obliquité ; ce que l'on peut toujours obtenir en agissant sur les muscles droits, même quand l'origine de ces déviations dépend d'altérations des muscles obliques. »

§ 82. — De l'incongruence des rétines.

Les chapitres qui précèdent sont presque exclusivement fondés sur la considération des images doubles : diagnostic, pronostic, traitement même. Nous avons, dans l'histoire des paralysies musculaires de l'œil, presque tout emprunté aux images doubles.

Eh bien, il y a des cas où ces données nous font défaut, ou bien deviennent fallacieuses.

Expliquons-nous : on rencontre des cas dans lesquels une diplopie qui, d'après les symptômes objectifs, devrait être homonyme, par exemple, est, au contraire, croisée, ou réciproquement.

On rencontre encore des images doubles plus ou moins écartées que les symptômes objectifs ne le voudraient.

Enfin, des cas où la double image manque sur une étendue donnée de la rétine ; étendue limitée.

Nous exclurons, il est bien entendu, de ces cas-là, ceux où la cornée nous présenterait des facettes, ou bien encore où le cristallin serait luxé.

M. de Graëfe divise ces cas en deux catégories.

Dans la première, l'un des yeux ajuste son œil suivant l'axe optique ou polaire, par conséquent, pointe sur la macula ; l'autre œil se mettant en rapport avec le premier, par un de ses axes secondaires. « Dans ce cas, dit l'illustre chirurgien de Berlin, l'extrémité de l'axe secondaire agit, *par le fait,* comme substitut de centre de la rétine, l'emportant sur lui en énergie de perception, et se trouvant *aussi* en relation *identique* avec la *macula lutea* de l'œil sain. »

« Dans la seconde catégorie, chaque œil, essayé en particulier, fixe l'objet avec sa macula; mais ces deux points ne sont pas identiques, car lorsque les deux yeux sont ouverts, la diplopie survient. »

« Il arrive fréquemment qu'après un strabisme convergent ou divergent d'une certaine durée, la faculté de vision, associée avec l'autre œil, est éteinte dans l'œil strabique, dans une portion horizontale de la rétine, en dedans ou en dehors de la macula (suivant que le strabisme est convergent ou divergent). Si l'on applique alors un prisme avec la base en dedans dans le premier cas, en dehors dans le second, on ne provoque pas la diplopie. »

« Si l'on applique alors le prisme avec la base verticalement en haut ou en bas, et que le strabisme soit convergent avec incongruence des rétines, les images doubles manifesteront, non-seulement des différences de hauteur, mais elles seront croisées; ou, enfin, si les doubles images sont homonymes, leurs distances latérales seront en disproportion complète avec l'étendue du strabisme. »

« On rencontre beaucoup plus fréquemment un strabisme convergent, dont le point d'identité avec la macula de l'œil sain est situé au côté interne de la tache jaune, que ce point d'identité siégeant au côté externe, et donnant naissance à une diplopie homonyme dans un strabisme divergent. »

On n'a jusqu'à présent donné aucune explication satisfaisante de l'incongruence des rétines. M. de Graëfe a trouvé cet état plus fréquent qu'il ne le supposait d'abord. Il l'a trouvé dans le tiers environ des cas de *strabismes congénitaux concomitants.* »

M. J. Guérin avait signalé sommairement le même fait dans les cas qu'il a rapportés, dans son *Mémoire sur le strabisme optique,* à la décentration de la lunette oculaire.

Ces faits doivent être étudiés à nouveau; nous les rapportons ici comme point de départ devant servir aux recherches, et pour appeler sur eux l'attention des physiologistes et des pathologistes.

Pour le moment, nous nous bornerons à signaler quelques

conséquences de ces faits anormaux dans leurs rapports avec l'opération de la strabotomie.

Il est évidemment de la plus grande importance de s'assurer, avant l'opération de la ténotomie, si l'incongruence existe ou non, car son existence compliquerait nécessairement dans l'avenir la restitution de la vision binoculaire, et même le maintien du résultat obtenu quant à la longueur relative des muscles.

Quant aux règles de conduite, voici celles que pose à cet égard M. de Graëfe.

Quel que soit l'objet qu'on se propose d'obtenir par l'opération, effet cosmétique ou effet de vision associée, il faut s'assurer à l'avance qu'on ne produira pas de diplopie gênante.

Pour cela, on placera devant l'œil à opérer un prisme propre à produire dans cet œil l'effet optique qui doit résulter de l'opération : ce sera toujours aisé; déplacer l'axe principal de l'œil dans un sens, ou la direction du faisceau lumineux dans le sens opposé, n'est-ce pas produire le même effet relatif? Or, ce faisant, on provoquera ou on ne provoquera pas l'apparition d'images doubles, gênantes ou impossibles à fusionner, quoique rapprochées. Cette étude servira de guide.

Si l'on doit créer en effet une situation pire que la préexistante au point de vue des images doubles, il faut s'abstenir d'opérer, surtout si les images doivent être croisées, car ce sont les plus incompatibles avec la vision.

Mais si l'on ne découvre l'incongruence des rétines qu'après l'opération, et si le malade est fort incommodé par la diplopie, alors on réunira les images doubles au moyen de verres prismatiques. Il est souvent convenable de partager le prisme entre les deux yeux : on procure moins d'irisation des images, et l'effet est moins disgracieux que l'usage d'un seul prisme fort devant l'un d'eux.

Nous reviendrons ultérieurement sur cet intéressant sujet; il nous paraît répondre à un des grands desiderata de la physiologie de la vision; il ouvre une voie aux recherches physiologiques, par la porte de l'observation pathologique.

Ce chapitre, encore à faire, aura pour objet de déterminer si le point polaire de l'œil, celui qui fixe le point de mire, est formé dans l'organe par la fonction elle-même, l'habitude, l'association instinctive du premier âge, ou, au contraire, par l'anatomie. La macula, élément anatomique, est-elle ce point obligé; ou, comme on le voit dans ces cas singuliers cités par M. de Graëfe, le centre de la fusion binoculaire peut-il se fonder en un point quelconque des rétines? Voilà une question qui semble tranchée, et que pourtant quelques faits pathologiques mettent en suspicion.

A cette discussion se rattacherait celle des points identiques, si l'on s'écartait du sens géométrique et parfaitement défini de ce mot, pour prendre le sens vague et indéterminé que paraît lui donner l'école allemande.

Dans les pages qui précèdent, il faut avoir présente la définition géométrique des points identiques, et entendre seulement, avec M. de Graëfe, les points des rétines qui correspondent au même point objectif, quelles que soient d'ailleurs leurs situations sur la surface rétinienne.

Le second point des plus importants, soulevé par la discussion de ces faits, portera sur le rôle que peut bien y jouer le cristallin. L'idée de la décentration de la lunette, énoncée d'une façon très-générale par M. Jules Guérin, et qu'il est regrettable que ce physiologiste n'ait pas, à la suite de ses premiers travaux sur la matière, plus approfondie, avait pour corollaire mécanique le fait d'un défaut de rapport entre l'axe du globe et l'axe principal du cristallin.

Nous comprenons que l'hypothèse sommaire d'une décentration de la lunette n'ait pas été définie plus précisément en 1842; on ignorait à cette époque que le cristallin fût suspendu dans un anneau musculaire, composé de fibres radiées et de fibres circulaires, absolument comparables à celles qui constituent l'iris. Dès lors, la conception d'une décentration de la lunette n'a pu être qu'une idée vague reposant, soit sur une anomalie de position première de la lentille, soit sur une déformation du globe.

Aujourd'hui on connaît le mode réel de la suspension du cristallin : c'est une lentille enchâssée dans un anneau musculaire.

On sait de plus que, même à l'état normal, l'axe de l'œil (la ligne qui joindrait la macula au centre de la cornée) ne passe pas par le centre du cristallin. Ces deux lignes font normalement de 4 à 5° entre elles, l'axe de la cornée en dehors; et l'on sait en outre que ce rapport est altéré dans les deux sens opposés, dans l'hypermétropie et la myopie.

Il n'est donc pas téméraire de penser que l'incongruence des rétines peut, dans bien des cas, révéler un changement plus considérable de rapports survenus entre la macula et le centre de la lentille; et cette hypothèse deviendra une certitude du jour où l'on aurait démontré que le centre de fixation des objets est un point *anatomique*, obligé *à priori*, et non un simple résultat fonctionnel; qu'il est sur la macula nécessairement, et non sur un point déterminé par l'habitude, l'exercice ou l'éducation.

Car ce fait irrévocablement démontré, l'incongruence des rétines révélerait nécessairement l'excentricité du cristallin, sa décentration, le transport de son centre ou plus en dedans, ou plus en dehors, suivant les cas.

Cette décentration, il n'est plus besoin, pour en concevoir le mécanisme, de supposer une déformation profonde du globe par cause externe ou interne, une simple différence, soit d'innervation, soit de longueur, dans les fibres du muscle ciliaire, en rendrait compte.

Nous le répétons, tous ces desiderata réclament la détermination d'un seul point : le point de mire de l'attention visuelle peut-il être établi par l'habitude, ou autrement, en quelque autre point que la macula?

Nous invoquons à ce sujet toute l'attention des physiologistes et des observateurs.

§ 83. — Images obliques ou inégalement élevées.

Il est encore des phénomènes curieux, observés par M. de Graëfe, et qui se rattachent aux précédents : ce sont ces cas singuliers de *diplopie* binoculaire qui ne *semblent* pas déterminés par des paralysies musculaires (mais qu'on ne saurait pourtant expliquer que par une lésion des centres nerveux), et dans lesquels on constate :

Des images doubles, peu, très-peu écartées quelquefois, et cependant qui résistent à tout essai de fusion, même par les prismes les mieux choisis; — des images qui semblent inégalement distantes, l'une derrière l'autre, quelquefois inégalement élevées, inclinées.

(Ces cas sont pour nous symptomatiques d'une lésion supérieure nerveuse; M. de Graëfe se les explique par la *perte de l'antipathie* pour les images doubles.)

Cette persistance des images doubles pourrait dépendre de l'élévation inégale et de l'obliquité. Il faut, en pareil cas, recourir à l'action des prismes à sommet dirigé en haut ou en bas.

Si l'on réussit à ramener les images sur le même plan, leur écartement latéral s'efface aisément; l'obliquité gêne, on le sait, moins que la différence de hauteur, et se corrige spontanément, si elle n'est pas trop prononcée, quand les images ont été ramenées au même niveau.

L'indication qui se présente à remplir dans ces circonstances, c'est de combattre ou de détruire les inégalités de hauteur des images doubles. Quand on y sera parvenu, et que l'on ne se trouvera plus en présence que d'une diplopie horizontale, directe ou croisée, la question sera singulièrement simplifiée.

En effet, si la distance des images doubles est peu considérable, le moindre effort des muscles externes ou internes triomphera de la diplopie, à moins toutefois d'une paralysie marquée; mais, dans ce cas, d'autres symptômes eussent témoigné de l'existence de cette paralysie.

Quoi qu'il en soit, c'est sur un des muscles servant à produire le mouvement vertical, en haut ou en bas, que doivent porter les premiers efforts du chirurgien. Il pratiquera donc la ténotomie partielle ou totale du muscle droit supérieur ou inférieur, ou même de celui des obliques (voir cependant le § 81), antagoniste du muscle paralysé, et, à cet effet, se conformera, pour le diagnostic différentiel, aux règles que nous aurons l'occasion de poser plus loin.

Les opérations pratiquées sur les muscles droits, supérieur ou inférieur, exigent une étude toute spéciale pour bien calculer la portée de leur effet; cela est d'autant plus nécessaire que ces images doubles gênent bien plus que celles des déviations latérales.

Une déviation d'une ligne, en haut ou en bas, est déjà très-apparente, tandis qu'une déviation en convergence, de même étendue, est à peine apparente. Il y aura donc lieu à redouter les ténotomies complètes.

Ce sujet est ouvert aux recherches des ophthalmologistes. Il est à peine exploré.

§ 84. — Cas de déviations de l'axe optique persistant lors du regard monoculaire.

Dans le chapitre que nous avons consacré à l'étiologie du strabisme, nous avons exposé comment le strabisme permanent était, dans le plus grand nombre des cas, la conséquence et la terminaison du strabisme intercurrent ou périodique. Il ne s'ensuit pas cependant que le strabisme intercurrent doive toujours et fatalement engendrer un strabisme permanent. Il est, en effet, des strabismes périodiques qui persistent pendant un espace de temps indéterminé, sans jamais arriver à l'état de strabisme permanent. Ainsi, on voit des malades chez lesquels il n'existe pas de déviation appréciable à l'état de repos de la vue, mais chez qui elle survient quand ils contemplent fixement un objet, qu'il soit éloigné ou rapproché de l'œil. Et cette déviation atteint quelquefois jusqu'à deux lignes, deux lignes et demie et plus, c'est-à-dire depuis 26° jusqu'à 40°. Et ce qu'il y a de singulier et de jusqu'ici inexplicable, c'est que cette déviation se manifeste même quand on couvre un œil et qu'on fait fixer l'autre. On aurait pu croire, au premier abord, que ces déviations étaient uniquement la conséquence de la diplopie et de notre horreur pour les images doubles. Mais la circonstance que ce fait se manifeste même quand on voile un des yeux, montre qu'il faut aller chercher ailleurs la cause de cette déviation.

M. de Graëfe pense que l'état d'éréthisme de l'œil, nécessaire à l'exercice de la vision, agit sympathiquement sur celui qui est isolé, malgré l'absence de la vision binoculaire; il y aurait alors un balancement anormal des muscles, créé par les nécessités de la vision par l'œil sain, et qui détermine dans l'œil malade, un état semblable à celui qui s'établit pendant la vision associée.

D'après les termes un peu vagues de la question posée par M. de Graëfe, nous ne sommes pas convaincus que l'étude de ces cas, en quelque sorte paradoxaux, soit encore bien complète. Nous ne voyons pas qu'ils aient été scrutés au point de vue de la rectitude ou de la non-rectitude des axes optiques de l'appareil dioptrique. N'y aurait-il pas là quelque déviation de l'axe principal du cristallin, quelque cause, en un mot, amenant une anomalie angulaire, par excès ou par défaut, de la direction de l'axe principal du cristallin sur celui de la cornée ?

Nous soumettons humblement ce doute au savant physiologiste, qui est peut-être déjà fixé sur ce point, car il a souvent dirigé ses recherches du côté des inclinaisons du cristallin. Mais dans son mémoire sur les paralysies, nous ne trouvons pas d'indice que cette supposition ait été examinée dans ses rapports avec l'anomalie qui nous occupe.

Une anomalie de position de la macula répondrait encore à la même hypothèse théorique.

Il y a là un desideratum que les observations futures ne tarderont pas, nous le pensons, à combler.

§ 85. — Insuffisance des droits externes avec images très-confuses.

Dans une seconde catégorie, les axes optiques ont une direction normale jusqu'à une certaine distance (8 pouces, 1 pied, 4 pieds) au delà de laquelle apparaît une déviation manifeste.

M. de Graëfe ne donne pas de ces cas une formule pathogénique qui les embrasse d'une façon, selon nous, suffisamment dogmatique, il se borne à les grouper sous les chefs suivants :

(*a*) Myopes chez lesquels les axes optiques s'entre-croisent régulièrement jusqu'à la plus grande distance pour laquelle l'accommodation est possible : au delà de ce point extrême, il y a strabisme convergent.

Analysés dans leur essence intime, ces faits accusent une insuffisance des droits externes, dès que les images ne sont plus assez nettes pour provoquer assez impérieusement le besoin de l'unité visuelle. On est alors dans le cas de la diplopie homonyme ; mais les impressions reçues de cette diplopie ne sont pas assez fortes pour provoquer les droits externes plus ou moins insuffisants.

Ces yeux-là sont dans les conditions mêmes où l'on voit se manifester le strabisme convergent qui accompagne si souvent l'hypermétropie. La différence qu'il y a entre eux, c'est que, dans ce dernier, les images doubles sont gênantes, et que le sacrifice instinctif de l'une d'elles améliore puissamment la perception de l'autre, ce qui n'a pas lieu dans le cas de la myopie. La déviation demeure alors ce que l'a faite l'insuffisance; elle ne s'augmente pas de tout ce qu'elle acquiert dans l'hypermétropie, par le sacrifice d'une des images au profit de l'autre.

Un simple coup d'œil jeté sur les titres des groupes suivants, montre qu'ils rentrent évidemment dans la même catégorie et obéissent au même mécanisme.

Myopie monoculaire, inégalité de réfringence dans les deux yeux.

Troubles des milieux réfringents ayant pour résultat la formation d'images confuses au fond de l'un des yeux.

Ajoutez à ces conditions l'insuffisance des droits externes, et vous voyez les cas auxquels elles se rapportent rentrer dans la loi sus-énoncée, sans aucune difficulté.

Le quatrième groupe établi par M. de Graëfe nous paraît devoir se ranger dans l'ordre des affections spasmodiques ou de rétraction paralytique ; sa définition ne nous a semblé répondre à aucune expression d'un rapport net entre l'état optique et le système mécanique oculaire.

§ 86. — Insuffisance des droits internes avec images très-confuses.

Cet aperçu reçoit un surcroît de force de l'analyse des cas de la troisième catégorie.

Inversement à ce qui s'observe dans les cas ressortissant à la seconde catégorie, dans la troisième, *la convergence pathologique ne survient que dans la vision à courte distance.*

D'autre part, la vue est souvent du genre de celle des presbytes ou des hypermétropes ; tant qu'elle est nette, malgré l'insuffisance ou le trop de longueur relative des droits externes, ces muscles trouvent en eux assez de force pour faire disparaître physiologiquement une diplopie homonyme. Mais quand l'objet devient trop rapproché et les images suffisamment confuses pour ne plus occasionner une diplopie gênante, l'insuffisance n'est plus combattue par l'acte de la vision une, et dès lors se manifeste par la convergence subite de l'un des yeux.

Une particularité singulière, et, au premier abord, inexplicable, c'est que parfois ces malades présentent, à l'autre extrémité du champ visuel, la même anomalie. Quand l'objet est porté à une certaine distance, ils redeviennent strabiques.

Ces cas ne paraissent pas avoir été observés en assez grand nombre pour avoir donné lieu à des études suffisamment prolongées. On peut cependant, d'après la description présentée par le savant de Berlin, supposer que quelques-uns de ces cas remarquables se rapportaient à des états de la réfraction extrêmement circonscrits, à un champ de vision des plus restreints, à savoir par la myopie d'un côté, par la presbytie de l'autre, tous unis sans doute à une certaine diminution de l'acuïté de la vision, et comme fait mécanique, à une insuffisance des droits externes.

Dès que l'objet dépasse, en avant ou en arrière, une de ces limites, il devient confus, et les images, ou l'une d'elles sont impuissantes à provoquer l'acte de la fusion binoculaire, c'est-à-dire la divergence relative ou l'action des muscles externes.

§ 87. — Indications thérapeutiques. — Première catégorie (§ 84). — Doit-on opérer ces sortes de strabisme ?

Parlons d'abord de ceux de la première catégorie.

La vision binoculaire dans ces cas n'existe pas; la seule chose digne d'attention, c'est de reconnaître si, lors du regard vague, il n'y a pas ou une légère divergence, ou, au contraire, une trop grande convergence; car une légère convergence n'est pas trop disgracieuse, lors de la vision de loin.

D'après les considérations qui ont été développées au § 44, on respectera donc les cas où le regard vague coïncide avec une très-légère convergence, ainsi que ceux pour lesquels, pendant la fixation, la convergence ne dépasse pas une ligne et demie à deux lignes. Il n'y aurait guère à gagner à une opération qui risquerait de produire de la divergence pendant le regard vague et même pendant la fixation.

§ 88. — Indications thérapeutiques. — Deuxième catégorie (§ 85).

La seconde catégorie se formulera sous le titre : Insuffisance des droits externes s'accompagnant d'images doubles, mais trop peu nettes à partir d'une certaine distance, pour provoquer l'effacement de l'une d'elles au profit de l'autre, par l'action de la convergence. On voit d'abord qu'en pareil cas des lunettes, propres à effacer la myopie dans la vision distante, vont rendre aux images ou à l'une d'elles la netteté suffisante pour exiger la fusion binoculaire.

Comme cette fusion exige l'intervention des muscles externes (images homonymes), on verra de suite, en plaçant les verres, centre pour centre avec les pupilles, si ces muscles peuvent ou non opérer et surtout maintenir, sans asthénopie, cette coalescence en une des deux images.

Si oui, le problème est résolu.

Si non, la ténotomie est indiquée.

On peut cependant encore joindre des prismes aux verres concaves en dirigeant leur sommet en dedans, ce qui épargnerait aux muscles externes la nécessité d'intervenir. Mais ce secours qu'on leur apporterait tournerait en dommage final pour la vision, en laissant aux muscles internes toute leur prédominance, et en y ajoutant même, si la vision se portait sur des objets rapprochés. Prendre garde, en pareil cas, de ne pas exagérer l'angle du prisme interne.

§ 89. — Indications thérapeutiques. — Troisième catégorie (§ 86).

Comme dans tous les cas d'insuffisance, il y a lieu dans la troisième catégorie, aussi bien que dans les deux premières, à faire usage de la ténotomie. On la calcule sur la position moyenne, non plus celle des cas qui nous ont occupé d'abord, mais sur celle qui est intermédiaire aux deux limites du champ de la vision nette.

On peut cependant encore employer les prismes, en dirigeant ici leurs sommets en dehors et en les flanquant d'un verre propre à amener la correction de l'anomalie de la réfraction.

FIN.

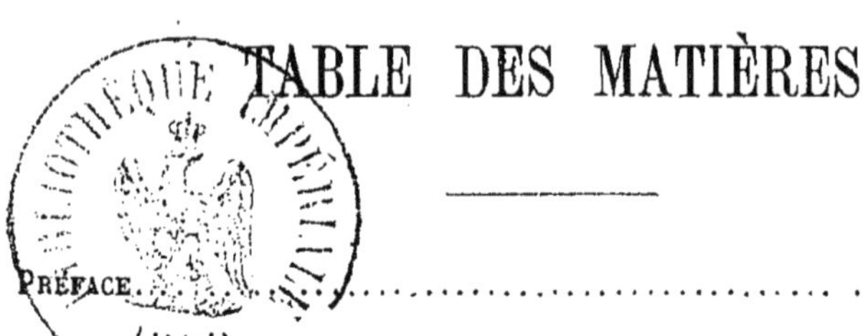

TABLE DES MATIÈRES

PREMIÈRE PARTIE.

STATIQUE ET DYNAMIQUE DU GLOBE OCULAIRE.

DEUXIÈME PARTIE.

DU STRABISME.

TROISIÈME PARTIE.

DES PARALYSIES MUSCULAIRES.

(Diplopie.)

FIN DE LA TABLE.

CORBEIL. — TYP. ET STÉR. DE CRÉTÉ.